SERATHUS

DER STEIN IN EUCH

Eine Anleitung zur Arbeit mit Steinen

Martina Bochnik

Dieses Buch wurde Martina Bochnik
von dem Geistwesen Serathus
in der Zeit von Dezember 1991 bis Mai 1992 diktiert.

Gesamtherstellung:
© Kristallverlag Georg Schaufelberger, Bösch 43, CH-6331 Hünenberg
Telefon 0041 42 36 08 63, Telefax 0041 42 36 75 74

Satz/Druck: Druckerei Heller, CH-6330 Cham

Titelbildgestaltung: Edith Schaufelberger-Landherr

1. Auflage, Februar 1995
2. überarbeitete Auflage, August 1995

ISBN 3-9520452-6-8

Inhaltsverzeichnis

Vorwort

Dieses Buch ist zustande gekommen, ohne dass ich es jemals geplant hätte. Ich arbeite seit 1988 als Schreibmedium. Vor ungefähr fünf Jahren bekam ich über automatisches Schreiben Kontakt zu einem Geistwesen, das ich als Ratgeber bezeichne. Die «Unterhaltungen» fanden in schriftlicher Form statt und ich habe sie zunächst vor anderen Menschen geheimgehalten. Ich wusste nicht, wie ich diese Art von Kontakt erklären sollte und wie ich darüber sprechen konnte, ohne von vielen verständnislos angesehen zu werden.

Doch dieses Problem löste sich auf, nachdem ich den Mut fand, engen Freunden von «meinem» Ratgeber zu erzählen. Freunden, von denen ich ahnte, dass sie offen für diese Bereiche sein könnten. Von da an kam ich immer mehr in Kontakt zu Menschen, die eine Arbeit als Schreibmedium nicht merkwürdig fanden.

Zusammen mit Tommy Thomsen habe ich 1991 angefangen, Sitzungen für Ratsuchende anzubieten, so dass mein Ratgeber und ich Erfahrungen mit einer ganz kleinen Öffentlichkeit machen konnten. Während dieser Zeit kam ich in Kontakt zu zwei weiteren ratgebenden Wesenheiten mit unterschiedlichen thematischen Schwerpunkten und es wurde für mich selbstverständlich, über meine medialen Fähigkeiten Geistwesen die Möglichkeit der Mitteilung zu geben. Dabei möchte ich noch hinzufügen, dass diese Wesen sich unterschiedlich «anfühlen» und mir ein Unterscheiden und Wiedererkennen möglich ist.

Eines Tages wurde ich von meinem «Hauptratgeber» gefragt, ob Tommy und ich nicht Interesse an einem kleinen Lehrgang über Steinarbeit hätten. Ein anderer Ratgeber, den ich bis dahin noch nicht kannte, würde sich und sein Wissen dafür zur Verfügung stellen. Wir waren interessiert und das war der Anfang von diesem Buch.

Die erste, für Tommy und mich bestimmte Fassung schrieb ich von Dezember 1991 bis Januar 1992. Die ersten Seiten habe ich fast widerwillig geschrieben, da die Arbeit mit Serathus sehr anstrengend für mich war. Ich hatte zu diesem Zeitpunkt wenig Ahnung von Steinen. Ich konnte die geläufigen Steine wie Bergkristall, Amethyst, Citrin oder Carneol unterscheiden, hatte mich aber noch nie intensiv mit der Steinarbeit und ihren Möglichkeiten beschäftigt.

Ich setzte mich an Spätnachmittagen mit leicht meditativer Musik hin, stellte die Verbindung mit Serathus her und begann zu schreiben. Dieses Schreiben ist wie das Schreiben eines Diktates. Ich vernehme die Worte in meinem Kopf und ihre Geschwindigkeit ist zum Glück so, dass ich sie mitschreiben kann. Anfangs konnte ich nicht viel länger als eine halbe Stunde schreiben, weil durch den Kontakt mit Serathus meine Schrift wesentlich kleiner, genauer und ordentlicher wurde. Mir tat die Hand weh und ich musste eine Pause machen.

Ich war anfangs auch neugierig auf den Text, stellte aber schnell fest, dass mir das Lesen nicht bekam. Ich wurde misstrauisch, ob das alles stimmen könne und so gab ich das Lesen auf. Ich habe die erste Fassung erst gelesen, nachdem sie komplett fertiggestellt war – und war sehr erstaunt.

Tommy und ich lasen sie gemeinsam und hatten einige Fragen und auch Interesse, was Serathus zu einigen ganz anderen Themen sagen würde. Ausserdem wollten wir einigen Freunden das Manuskript zeigen. Serathus erklärte sich bereit, eine ausführlichere Fassung zu schreiben, die dann auch für eine breite Öffentlichkeit zugänglich sein sollte.

Von Januar bis Mai 1992 habe ich an der neuen Fassung geschrieben. Ganze Kapitel waren neu, so wie «Steine und die neue Umwelt des Menschen» und unser Fragenkatalog wurde in einem extra Teil beantwortet. Das Schreiben wurde intensiver, mehr zur Gewohnheit und ich konnte immer längere Zeit am Stück schreiben. Auch dieses Mal las ich das Manuskript erst, als es fertig war, um mich nicht ablenken zu lassen.

Die dritte, Ihnen hiermit als Buch vorliegende und mit einigen Kommentaren unsererseits versehene Fassung, enthält sehr viele Übungen, die Tommy und ich auch ausprobiert haben. Für uns ist das Buch ein Arbeitsbuch geworden. Serathus gibt Erklärungen zu Phänomenen, die Steine betreffen, vieles wird jedoch erst verständlich, wenn das Gelesene mit einer Übung kombiniert und somit in die eigene Realität integriert wird.

Mir ist durch das Buch klargeworden, dass Steinarbeit eine Arbeit ist, die zunächst einmal unmittelbar mit mir selber zu tun hat. Wenn ich sie mache, mache ich sie für mich. Ich habe auch gelernt, dass Steine ein Bewusstsein haben, mit dem ich in direkten Kontakt treten kann, wenn ich mich darum bemühe. Manche Umgehensweisen mit Steinen sehe ich für mich mit anderen Augen.

«Der Stein in euch» ist in den vergangenen Monaten nur den wenigen Menschen zugängig gewesen, die uns begegneten oder durch andere «Zufälle» darauf aufmerksam wurden. Um so mehr freue ich mich nun, einen Verlag gefunden zu haben, der dieses Wissen zu den Menschen bringen und damit vielen neue Wege eröffnen wird.

Ich weiss, dass dieses Buch für viele Menschen eine Möglichkeit darstellt, über den aktiv und bewusst geführten Dialog mit Steinen einen Zugang zu den uns alle umgebenden Wesen, Seins- und Bewusstseinsformen zu finden und ein intensiveres Bewusstsein von dem eigenen Potential zu erfahren.

Nun wünsche ich Ihnen viel Freude und Leichtigkeit

Martina Bochnik

Ich nenne mich Serathus – so wie du einen anderen Namen trägst.

Ich bin aus der Schar derer, die sich gewählt haben, euch beratend zur Seite zu stehen.

Ich habe Wissen über Zusammenhänge einer Bewusstseinsform, die ihr Stein nennt.

Meine Aufgabe ist es, euch zu erläutern, wie ihr mit Steinen reden, leben und zusammenarbeiten könnt.

Diese Aufgabe will ich mit euch zusammen angehen und mich mit euch über Steine freuen.

Ich bin nicht sichtbar und doch vorhanden, ich spreche und doch bin ich nicht hörbar – wie ein Stein tief unten in der Erde.

Einleitung

Der Stein in euch – dieser Satz mag euch zunächst fremd erscheinen. Denn ein Stein, der innerlich in euch ruht, mag bedrohlich erscheinen, denn für euch sind Steine feste und leblose Gebilde.

Manchmal sind sie sehr farbig, schön und auch teuer, oft aber sind sie langweilig.

Wir wollen sehen lernen, dass Steine etwas anderes sein können, als ihr gewohnt seid. Ihr könnt lernen, einen Dialog mit einem Stein zu führen und nebenbei lernen, wie ihr eure persönlich gewählten Grenzen erweitern könnt.

Habt ihr etwas über Steine gelernt und ein bisschen von dem verstanden, wie Steine «leben» und womit sie «beschäftigt» sind, dann wird es für euch eine Bereicherung sein, den Stein in euch zu entdecken.

Dieses Buch enthält viele Übungen, die aufeinander abgestimmt sind.

Ich möchte empfehlen, Schritt für Schritt vorzugehen, um so ein wachsendes Verständnis und gleichbleibenden Spass an der Steinarbeit zu ermöglichen.

Steinarbeit ist kein Zwang. Sie soll Spass machen.

Viel Spass bei einer schönen Arbeit

SERATHUS

Teil 1
Betrachtungen zu Steinen

Grundsätzliches zu Steinen edlerer Art

Es gibt unterschiedliche Arten von Steinen, der «harmlose» Kieselstein und der Smaragd machen die Unterschiede deutlich. Kein Stein gleicht dem anderen, Diamant ist nicht gleich Diamant, obwohl sie äusserlich und von der chemischen Zusammensetzung her identisch erscheinen. Steine sind ein kleiner Auschnitt der Erde, sie zeigen ihre Beschaffenheit und Möglichkeiten, sie zeigen Wachsen und Veränderung. Es ist deswegen wichtig zu begreifen, dass Steine nicht fest sind, nicht unbeweglich sind. Sie sind es für das menschliche Auge, das nicht geschult ist. Steine unterliegen einer permanenten Veränderung, die sie auf verschiedene Art beeinflusst. Alle Strahlungen, kosmische und Erdstrahlung, Klima- und Temperaturschwankungen und schliesslich menschliche Gefühle – das alles spiegelt sich in feinen Ebenen im Stein wider. Hinzu kommt der Ort, an dem der Stein wuchs und die dortigen Begebenheiten. Man kann somit sagen, dass ein Stein im Laufe seiner Entstehungszeit geprägt wurde. Das ist nicht verwunderlich, denn Steine sind Gedächtnis der Erde und etwas von ihrer Entstehung bleibt in ihrem Strukturgedächtnis haften. Steine edlerer Art, Edelsteine, unterscheiden sich von ihrem Äusseren und Inneren von Mineralien und Erden. Sie fallen zunächst durch Farbe und Klarheit auf – schon das erklärt die Bestimmung als edler Stein. Es ist so, dass es bei allen lebenden Formen Bewusstsein gibt – Steine gehören dazu.

Was bedeutet das Wort Bewusstsein in diesem Zusammenhang? Bewusstsein bedeutet, den Sinn und die Aufgabe des eigenen Lebenszustandes zu erkennen, wahrzunehmen und mit seiner Umwelt im Austausch zu stehen. Kennen der eigenen Fähigkeit und das Erlernen neuer Zusammenhänge kommt mit hinzu. Ich mache keine Unterschiede – ein Atom lebt und hat ein Bewusstsein, genauso ein Mensch. Sie haben unterschiedliche Aufgaben und Wahrnehmungsweisen, ein unterschiedliches Bewusstsein, das kann nicht einfach verglichen werden. Wichtig sind nur zwei Dinge: es gibt nichts Unlebendiges in den Universen. Alles Lebende hat ein Bewusstsein.

Während Erze, Mineralien und Erden mehr das Gedächtnis der Erde repräsentieren, so stehen die edlen Steine für die Seele der Erde und werden damit auch vermehrt mit heilenden Kräften in Verbindung gebracht. Wir können sagen, dass fast alle edlen Steine eine heilende Kraft haben, denn ihr Bewusstsein ist weiter entwickelt, als das der Mineralien und Erden. Das mag wenig einleuchtend klingen, denn Bewusstseinsentwicklung wird bei euch mit Lernen und anderen Dingen gleichgesetzt. Nun – Steine lernen auch, beziehungsweise, das Bewusstsein der Atome und Moleküle bildet eine ganz besondere Form. Euch allen ist geläufig, wie ein «richtiger» Kristall aussehen muss.

Das wäre eine erkennbare Kristallspitze.

Es gibt auch solche Formen: Ein Kieselstein.

Die Struktur eines Steines richtet sich danach, ob er Gedächtnisfunktion oder eine Funktion des *Gebens-und-Nehmens* hat. Vergleicht die stumpfen Formen einmal mit wuchernden Zellen, die ja auch ein Gedächtnis für verdrängte Gefühle sind. Habt ihr schon einmal kristallförmige Geschwüre gesehen?

Wir halten also fest, dass uns die äussere Form auf die Funktion des Steines hinweisen kann – wenn sie sichtbar ist. Oft sind die empfindlichen Kristalle geschützt, um ihre Funktion nicht vorschnell zu verbrauchen.

Bleiben wir bei der klassischen Kristallform. Es ist unerheblich, ob der Kristall nach oben oder seitlich wächst. Das ist von Stein zu Stein verschieden und auch vom Entstehungsort abhängig.

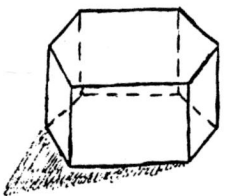

Diese Sechserform ist auch sehr üblich und findet zum Beispiel bei Turmalinen Verwendung. Fast nicht möglich ist die Form daneben mit Stäben und Spitzen. Derartige Strukturen haben nie den gleichen Stein als Material. Vielleicht sind sie in Nachbarschaft gewachsen oder zusammengeklebt worden.

Es gilt also folgendes: ein edler Stein weist eine, im weitesten Sinne, kristallförmige Struktur auf, die seine Funktion von *Geben-und-Nehmen* ermöglicht. Diese Funktion ist der Ausdruck des Bewusstseins, das im Stein ruht. Diese Steine werden hauptsächlich zu Heilzwecken verwendet.

Es ist zunächst wichtig, aber nicht entscheidend, wie ihr den Stein nennt mit dem ihr euch beschäftigt. Versucht vielmehr einen Laut für ihn zu finden, einen Ton und seine Art der Ausstrahlung zu beschreiben. Indem ihr euch auf diese Weise mit ihm beschäftigt, wird euch mehr über die Art seines Bewusstseins klar werden.

Edle Steine haben eine besondere Art des Bewusstseins. Sie geben und nehmen und doch liegt es auch in eurer Verantwortung, was sie tun und in welcher Form. In gewisser Weise sind diese Steine «naiv» und unendlich weise. Es gibt für sie kein Gut oder Böse, sie unterscheiden nicht, da sie weit von jedem Urteil entfernt sind. Sie entscheiden nicht, sondern lassen euch die Freiheit, zu entscheiden. Es kann aber auch sein, dass ihr eure Entscheidung nicht bemerkt. Habt ihr unbewusst entschieden, Gefühlsverwirrungen von anderen Menschen anzunehmen, so wird der Stein diese Entscheidung annehmen und euch die Gefühle anderer übermitteln. Deshalb ist es sehr wichtig, dass ihr euch vor jeglicher Steinarbeit über eure Entscheidungen und Motivationen klar seid. Sonst verschiebt es lieber.

Ein Wort zu Steinarbeit, die aus reiner Neugierde betrieben oder begonnen wird. Hier gilt es vorsichtig zu sein. In der Arbeit mit Steinen werden sowohl innere als auch äussere Kräfte aktiviert. Diese Kräfte müssen mit Respekt und Liebe behandelt werden, da sie sonst physische und psychische Schädigungen verursachen können. Mit Steinen zu arbeiten, setzt ein Interesse an ihnen und Respekt vor der Natur voraus. Niemand fasst freiwillig aus Neugierde in eine Steckdose.

So also sind *Gebende-und-Nehmende* edle Steine etwas Besonderes und auch wieder etwas Gewöhnliches. Sie helfen, verstärken und kommunizieren mit anderen Bewusstseinsebenen, ohne einen Unterschied zu machen. Es gibt keine Unterschiede, da alles Lebendige aus einer Quelle kommt. Wesen unterschiedlichen Bewusstseins können sehr gut voneinander lernen. Steine sind nach einer guten Einstimmung immer bereit, dem Arbeitenden in seinem Weiterlernen behilflich zu sein. Dies ist das erste, was ihr von ihnen lernen könnt.

Das zweite, was ihr von ihnen lernen könnt, ist eine besondere Art der Zentriertheit. Normalerweise suchen die Menschen ihr Zentrum in ihrer Leibesmitte – das ist im Zusammenhang mit dem Atmen durchaus nicht falsch. Edle Steine haben die Eigenschaft, an jeder Stelle ihres Seins zentriert zu sein. Das heisst, es gibt keine Stelle, die vielleicht kraftlos wäre oder in der eine grössere Konzentration von Bewusstsein vorhanden ist. Ihr nennt das das holographische Prinzip. So kann es auch geschehen, dass ein Bruchstück eines sehr kraftvollen Steines immer noch genügend Kraft für sich besitzt, dass er wirken kann.

Fliessrichtung zu jeder Seite, in edlen Steinen verstärkt entlang der klassischen Kristallform.

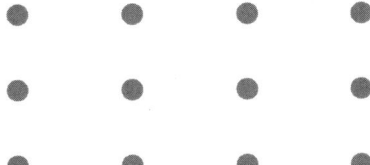

Fliessrichtung nach oben und unten.

Solarplexus

In einem Kristallgitter fliesst Energie und Bewusstsein von einem Atom zum anderen, ein kompletter Austausch, der bei edlen Steinen vermehrt in Kristallwuchsrichtung drängt. Das bedeutet, das holographische Prinzip erhält eine Richtung; dadurch wird das Prinzip des *Gebens-und-Nehmens* möglich.

Nun schaut euch die Energiepunkte des Menschen an, die durchaus mit bewussten Atomen verglichen werden können. Die Richtung verläuft von unten nach oben, manchmal auch umgekehrt. Die Funktionsweise ist eine andere, da alle Punkte zusammen erst die richtige Funktion ausüben können. Das bedeutet auch, dass das Bewusstsein aufsteigt. Dann kommt auch das *Geben-und-Nehmen*-Prinzip.

So gesehen, besitzen Stein und Mensch eine kleine Verwandtschaft; der Unterschied besteht darin, dass die Edelsteinatome ganz selbstverständlich in und mit ihrem Bewusstsein leben, während der Mensch sich dazu entwickeln muss. Beide erreichen aber das gleiche Prinzip und damit auch die gleiche Art von Zentriertheit. Es gibt kein Zentrum mehr, weil Seele und Körper gleichmässig ihrer bewusst sind und keine Unterscheidungen mehr machen müssen. Darum ist es nicht verwunderlich, dass sich Menschen gerne mit Edelsteinen umgeben, denn sie spüren unbewusst ihr eigenes Sein.

Es gibt noch ein drittes bei edlen Steinen. Sie beherrschen das, was ihr Zufall nennen würdet. Man kann auch sagen, sie machen Wunder alltäglich. In ihnen ruht ein Bewusstsein, das nicht von Zeit abhängig ist. Sie sind zeitlos und nicht umsonst wird mit diesem Stichwort Werbung für Diamanten gemacht. Sie filtern ihre Umwelt, verwandeln die Einflüsse und lassen sie wieder in die Erde. Edle Steine sind natürliche Transformatoren. So wie sie die verschiedenen Einflüsse verwandeln können, so können sie auch euren Zeitbegriff, eure Sicht der Zeit verändern. Dazu mehr in späteren Kapiteln.

Es soll folgendes vorweggenommen werden: wiederum ist Transformation und Zeitlosigkeit im Bewusstsein edler Steine enthalten, das heisst, sie machen sich darüber keine Gedanken. Die grösste Verantwortung trägt der, der sie in diesem Sinne benutzt, der nicht an den Begriff Zufall gebunden sein will. Wunder passieren ständig, wenn ihr langsam bereit seid, normale Raum- und Zeitbegriffe hinter euch zu lassen. Wie ein Kollege schon bemerkte [1]: Wunder sind normal. Wenn sie ausbleiben, stimmt irgendetwas nicht.

Ihr betrachtet oft Steine als kleine Wunder, weil ihr noch nicht gelernt habt, dass *Geben-und-Nehmen* und das Prinzip der holographischen Zentriertheit vorhanden sein müssen, um Wunder zu ermöglichen. Diese Prinzipien sind gleichzeitig Ursache für Wunder und ihre Wirkung, das heisst, das Wunder selbst. All das steckt in edlen Steinen, die oft unachtsam an Hälsen und Ohrläppchen getragen werden und doch noch einen Hauch ihres Bewusstseins verbreiten können.

Welche Steine gehören zu den Steinen edlerer Art?
Diamant – Saphir – Smaragd – Bergkristall – Rubin – Aventurin – Topas in durchsichtiger Form – Aquamarin – Amethyst – Opal – Achate nur in besonderen Formen, alles andere sind Halbedelsteine oder Mineralien/Erden.

Dem Diamant und dem Bergkristall kommt eine besondere Stellung zu. Sie haben ein Bewusstsein, das sich dem Bewusstsein desjenigen, der mit ihnen arbeitet, am leichtesten anpassen kann. Es sind die edlen Steine, die am meisten auf Zusammenarbeit angewiesen sind, um ihr volles Potential zu entwickeln. Rubin und Smaragd sind am eigenwilligsten, um es etwas vermenschlichend auszudrücken. Sie besitzen ein hohes Bewusstsein, sind aber sehr umgebungsabhängig und können manchmal ihre Wirkung bremsen oder zurücknehmen. Saphir, Aquamarin, Aventurin und Amethyst wirken von sich aus und sind verlässliche Helfer, ebenso der Opal. Topase und Achate haben von den edlen Steinen die niedrigste Bewusstseinsstufe und stellen das Bindeglied zu den Halbedelsteinen dar. Aber deswegen, weil sie eher in Raum und Zeit eingebunden sind, sind sie sehr beliebt und ermöglichen den ersten Schritt zu den Steinen.

Was ich zu den Bewusstseinsstufen sagte, darf auf keinen Fall wertend verstanden werden. Es ist lediglich eine Wortwahl, die weder Stufenurteile noch Hierarchien anzeigt.

Nach allem, was ich über edle Steine gesagt habe, scheinen sie die Steine zu sein, mit denen man am ehesten arbeiten sollte. Das jedoch ist ein Vorurteil, eine Wertung. Es kommt ganz darauf an, welche Funktion im Menschen geheilt werden soll.

Das Prinzip des *Gebens-und-Nehmens* dient am Anfang einer Behandlung der Auflockerung. So kann ein erster Kontakt hergestellt und einige Blockaden überwunden werden. Wie es dann weitergeht, bestimmen die Selbstheilungskräfte des Behandelten. Sie und die Steine wirken zusammen. In diesem Zusammenhang ist besonders der Opal interessant: er hat die Fähigkeit, direkt zu erweichen, das heisst, direkt mit dem Menschen Kontakt aufzunehmen und die wertenden Blockaden abzubauen. Er wirkt zuverlässig, sollte aber dennoch nicht immer verwendet werden. Das Feuer seiner Farben, das er nach aussen hin zeigt, entspricht auch seinem inneren Feuer. Es kann euch wärmen, kann aber auch Dinge schmelzen, auf die ihr von eurer inneren Struktur her angewiesen seid. Opale erschöpfen.

---

(1) Vergl. «A Course In Miracles», USA 1976, Helen Schucman; Anm. d. Verf.

Weiteres dazu im Kapitel über Steinfamilien. Dort werde ich Verwandtschaften aufzeigen, die mit einer chemischen Verwandtschaft kaum etwas zu tun haben.

Soviel zu edlen Steinen.

Zu den angesprochenen Edelsteinen noch zwei Übungen[2]:

Übung 1
Lege dich hin, schliesse die Augen und werde ruhig. / Stelle dir nun vor, dass du durch eine Wiese zu einem Bach gehst. / Die Ufer sind sehr steil. Du willst den Bach überqueren und musst dazu über eine Brücke gehen. Schau nach links – dort befindet sich eine Brücke aus einem einzigen Bergkristall. Betrachte ihre Form. Kommt dir etwas bekannt vor? / Gehe nun langsam über die Brücke und bleibe in der Mitte stehen. Rechts von dir geht der Mond auf. Betrachte ihn einen Augenblick. / Langsam kommt die Dämmerung, du gehst weiter. Wenn du am anderen Ufer bist, ist es dunkel. Vor dir liegt ein leuchtender Pfad, mit Kristallen gesäumt. Betrachte ihn in Ruhe. / Ruhe dich aus und komme zurück.

Übung 2
Stelle dich mit leicht gespreizten Beinen und weichen Knien hin. Lass alle Gedanken gehen. / Stelle dir nun vor, dass du auf einem violetten Kristall stehst. Betrachte ihn. / Spüre nun deine Füsse und stelle dir vor, dass du durch die Füsse langsam die Farbe des Kristalls aufnimmst, bis dein Körper davon ausgefüllt ist. / Geniesse es und bade dich innerlich in der Farbe. / Wenn du genug hast, ruhe dich aus und komme zurück.

(2) Die Querstriche (/) in den Übungen markieren Pausen, die beim Vorlesen oder beim Sprechen der Übung auf Band oder Cassette berücksichtigt werden sollten; Anm. d. Verf.

Mineralien, Erden, Erze

Manche Menschen unterteilen die Steine in Edelsteine und Mineralien. Wir wollen es auch so halten, obwohl wir einen anderen Grund dafür finden werden. Äusserlich sehen Mineralien oft anders als edle Steine aus und wir gehen achtlos an ihnen vorbei. Mineralien unterliegen anderen Entstehungsprozessen, die ihnen auch eine andere Funktion geben. Das *Gedächtnisprinzip.* Jedes Wesen hat ein Bewusstsein, wie wir nun wissen, und jedes Wesen hat ein Gedächtnis.

Das Wort Gedächtnis bedeutet in diesem Zusammenhang die Fähigkeit, Informationen zu speichern. Diese Speicherung ist von Wesen zu Wesen unterschiedlich. Ihr benutzt dazu bewusst euer Gehirn. Doch auch in euren Zellen werden Erinnerungen gespeichert. Dies birgt oft Probleme, denn ihr habt wenig Wege, um Zellerinnerungen abzurufen. Das lässt so manche Krankheiten entstehen.

Bewusstsein und Gedächtnis sind nötig, denn nur so kann eine ausgewogene Lebenssituation geschaffen werden. Allerdings kommt es darauf an, welche Wichtigkeit und Bedeutung dem Gedächtnis eingeräumt wird.

1. Mineralien übernehmen die Gedächtnisfunktion der Erde.
2. Helfende Mineralien.

1. Mineralien übernehmen die Gedächtnisfunktion der Erde

Auch die Erde benötigt ein Gedächtnis, welches Veränderungen, Schmerzen und Glück speichern kann. Es gibt Mineralien, die nur die Erfahrungen ihrer Umgebung speichern und andere, die eine globalere Erinnerung besitzen.

Mineralien des Umgebungsgedächtnisses nehmen auch verstärkt negative Aspekte auf, speichern sie und und können sie bei entsprechender Behandlung auch wieder abgeben. Mineralien mit globalem Gedächtnis erinnern die gesamte Erdgeschichte und auch das Glück der Erde über ihre eigene Existenz. Das Arbeiten mit ihnen ist wesentlich einfacher, weil sie «glücklicher» sind und andere Gedächtnismomente im Menschen ansprechen.

Auch Mineralien geben und nehmen, aber sie transformieren die Inhalte sehr wenig, im Vergleich zu edlen Steinen. Das zeigt sich auch im Aufbau von Mineralien. Ihre Molekülkomplexe sind meist komplizierter, die vorkommenden Elemente stammen vermehrt aus unterschiedlichen Familien. Deshalb kann eine Struktur zum Beispiel so aussehen:

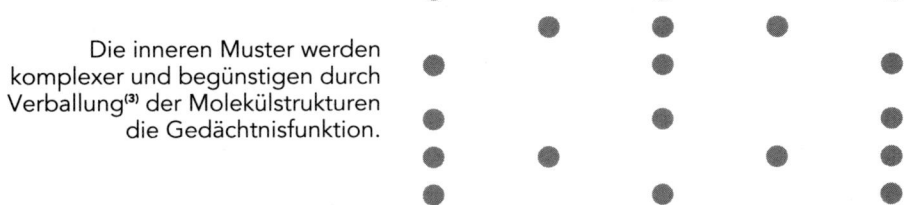

Die inneren Muster werden komplexer und begünstigen durch Verballung[3] der Molekülstrukturen die Gedächtnisfunktion.

(3) im Sinne einer Zusammenballung; Anm. d. Verf.

In verschiedenen Molekülen können unterschiedliche Erinnerungen gespeichert werden. Das macht eine Umwandlung der Information schwieriger. Denn zwischen den Molekülen herrscht nur ein minimaler Austausch.
In edlen Steinen ist die Umwandlung von Energien durch den gleichmässigen Austausch zwischen den Molekülen möglich. Mineralien haben eine andere innere Zentrierung. Wir können sie Familienzentrierung nennen. Bestimmte Gruppen von Molekülen bilden verstreute Zentren. Diese Zentren stehen im Austausch und ermöglichen, dass auch das Mineral insgesamt ein holographisches Wesen ist. Das Gedächtnis befindet sich in den Zentren, in den Molekülfamilien und dort wird gespeichert, was von lokaler oder globaler Bedeutung ist.

2. Helfende Mineralien

Mineralien helfen, wenn sie dem Wesen erleichtern, mit seinem Gedächtnis umzugehen. Sie können Fähigkeiten erinnern helfen, die vor mehreren Lebzeiten vertraut waren, in diesem Leben jedoch brachliegen. Weiterhin können sie helfen, Urteile über Erinnerungen zu vermeiden und aufzulösen. Es geht nicht darum, keine Erinnerung zu haben. Doch kein Wesen soll nur für die Erinnerung leben, so wie das teilweise Mineralien, Erze und Erden tun. Für sie ist es Aufgabe und Bestimmung, denn sie sind ein kleiner Teil der Erde, die noch andere Teile mit anderen Aufgaben hat. Über äussere und innere Farbe lässt sich erkennen, welche Mineralien wann als helfend verwendet werden können – doch dazu an anderer Stelle mehr.

Erze gehören auch zu den Mineralien, unterscheiden sich jedoch vom chemischen Aufbau her. Sie tragen in sich Atome und Molekülverbände von unterschiedlichen Metallen. Reine Metalle kommen selten vor, so ist man dazu übergegangen, Metalle in reiner Konzentration Edelmetalle zu nennen. Bevor wir zu der Aufgabe der Erze kommen, ein paar Worte zu den Metallen und den Umgang mit ihnen. Edelmetalle sind auf ihre Weise so etwas wie Edelsteine. Sie haben einen stark holographischen Aufbau und helfen, wenn es darum geht, das psychisch-emotionale Gleichgewicht wiederzuerlangen. Nicht umsonst werden in allen Kulturen, die Metalle abbauen, Gold- und Silberketten getragen.

Ein Wort zu Schmuck
Schmuck zu tragen ist an sich nicht schlecht. Steine sollten möglichst schonend bearbeitet werden. Das Anbohren oder Durchbohren eines Steines greift viel mehr in seine Struktur und Funktion ein als das Schleifen.
Edelsteine sollten möglichst in Edelmetallfassungen gebettet werden. Steine und Metall mit gleichem oder ähnlichem Bewusstsein arbeiten gemeinsam. Legierungen oder falsche Kombinationen können auf Dauer die Funktion eines Steines aus dem Gleichgewicht bringen.

Zurück zu den Erzen. Wir wollen hier keine weitergehenden Unterteilungen vornehmen. Ich möchte insbesondere solche Steine als Erze bezeichnen, die einen hohen Metallgehalt haben. Da Metallatome mit Sauerstoff besondere Bindungen eingehen, tragen Erze das sogenannte *Sauerstoffgedächtnis* in sich.
Ihr verbindet Sauerstoff immer mit der Luft, die ihr atmet – dabei kommt er in vielen anderen Verbindungen vor. Das Sauerstoffgedächtnis dient sowohl dem Gedächtnis

der Erde, als auch dem Bewusstsein der Gase und flüchtigen Stoffe. Darauf näher einzugehen, sprengt hier unseren Rahmen.

Nur soviel sei dazu gesagt: Erze haben die Funktion, Gedächtnis für Übergangsprozesse und vermischte Veränderungen zu sein. Sie sind mit der Seele der Menschen auf eine besondere Weise verwandt, denn sie helfen in Situationen, die verstärkt das Wachsen oder das Sterben des Menschen betreffen. Menschen mit Angst vor dem Tod sollten Erz bei sich tragen, wenn die Zeit des Übergangs gekommen ist, wie zum Beispiel Aragonit und Heliodor.

Das *Sauerstoffgedächtnis* ermöglicht bis zu einem gewissen Masse auch, Kontakt mit den Elementargeistern der Luft aufzunehmen.

Erden gehören einer besonderen Familie an. Dazu gehören für mich auch Lava, Lavagesteine, Tone, Lehmarten, besondere Arten der Moorerden und schliesslich Mondstaub. Die Zuordnung des Mondstaubes zu den Erden wird euch nicht klar sein. In diesem Staub der Monderde vermengen sich jedoch einige Elemente auf seltene Art und verfügen über Kräfte, die sehr selten sind.

Erden haben auch eine Art Gedächtnisprinzip. Sie hängen stark mit dem Element Feuer zusammen und haben je nach Erde eher ein «Kurzzeit- oder Langzeitgedächtnis».

Sie sind grossen Veränderungen und Belastungen ausgesetzt und sollten mit besonderer Sorgfalt behandelt werden. Nur einige Erden erlauben den Zugang zu Feuergeistern.

Wir haben also drei verschiedenen Familien, die das *Gedächtnisprinzip* darstellen. Erze und Erden sind gleichzeitig Gedächtnismöglichkeiten für Elementargeister und -kräfte, Mineralien das Gedächtnis der Erde.

Noch eine abschliessende Bemerkung zum *Gedächtnisprinzip*:
Dieses Prinzip ermöglicht euch auch, in andere Zeitebenen zu reisen. Während edle Steine eher über Möglichkeiten und Variationen Auskunft geben können, beherbergen Mineralien das vergangene, für euch reale Geschehen. Um mit der eigenen Vergangenheit arbeiten zu können, müssen die Steine jedoch für einige Stunden von der Erinnerung an ihre eigene Vergangenheit befreit werden.

Was ein Stein nicht kann

Die erste wichtige Feststellung ist: ein Stein kann keine Fremdsprachen.

2. Ein Stein kann nicht gegen sein Bewusstsein arbeiten.

3. Ein Stein kann nicht heilen, wenn der Betreffende es nicht zulässt.

4. Ein Stein kann nur sehr selten schwimmen.

5. Ein Stein ist keine Pflanze.

6. Ein Stein liest keine Zeitung.

7. Steine sind nicht dunkel.

Ein Stein kann keine Fremdsprachen

Dieser Satz könnte aus einem Roman sein, trifft aber einen wichtigen Sachverhalt. In fast allen Fällen (Einflüsse der Umgebung, Arbeit mit Menschen) bleiben Steine sie selber. Sie verändern ihre Struktur, erfüllen ihre Funktion je nach Bewusstseinsart, aber sie werden nicht zu einer anderen Art von Stein. Ein Borax kann nicht zu einem Diamanten werden. Der Begriff «Fremdsprache» bezieht sich auf folgendes: jeder Stein hat eine, für ihn charakteristische Art, seine Umgebung zu verstehen. Er muss sie entschlüsseln, erfassen und für sich selber in eine Sprache fassen (Dies sind nur unbeholfene Bilder, um ein wenig über Steincharakteristiken mitzuteilen.). In seiner Sprache, seinen Bildern, kann er Erlebtes speichern und verwerten.

Um Kontakt zu einem Stein aufzunehmen, müsst ihr nun herausfinden, auf welche Sprache er reagiert. Ihr seid dazu aufgefordert, seine Symbolik zu verstehen, denn nur auf diesem Wege kann eine tiefergreifende gemeinsame Arbeit vollzogen werden.

Steine untereinander haben so etwas wie eine Minimalsprache. Sie nehmen sich gegenseitig wahr und können sich auch einfache Botschaften übermitteln. Das ist wichtig, wenn sich verschiedene Steine einen Standort teilen oder sie gleichzeitig für Heilzwecke verwandt werden. Über das Lernen ihrer Sprache weiter im Kapitel «Einstimmungen».

Ein Stein kann nicht gegen sein Bewusstsein arbeiten

Das Verständlichste dieses Merksatzes ist, dass Steine ihre Funktion behalten und sie durch «Behandlung» nicht dazu gezwungen werden können, eine andere Funktion auszuüben. Würdet ihr dies versuchen, würden sich bei euch organische Schäden einstellen oder der Stein würde sein Leben, das heisst, sein Bewusstsein verlassen und hätte fast ein Leben wie ein Glassplitter.

Das bedeutet, dass man sich auf die natürliche Funktion eines Steines verlassen kann. Sie muss nur manchmal durch eine Reinigung unterstützt werden.
Die Menschen sind sich oft nicht darüber bewusst, dass sie gegen ihr eigenes Bewusstsein arbeiten. Es gibt sehr viele selbstauferlegte Schranken, die die alltäglichen Wunder in Wahrnehmung und Tun unmöglich machen und keine Idee davon zulassen, was für grenzenlose Möglichkeiten jeder einzelne Mensch hat.

Steine haben keine Schranken, sie leben in ihrem Bewusstsein und können alle Möglichkeiten zu Wundern machen. Ihr wundert euch, dass so ein kleines Gebilde, hart und unbeweglich, viel weiter ist als ihr.

Es ist in der Menschheitsgeschichte üblich, bestimmte Steine bestimmten Zwecken zuzuordnen. Dieses Verfahren ermöglicht zwischen den Menschen eine pauschale Verständigung über Wirkungsweisen. Es ist richtig, dass jeder Stein eine Art heilenden Brennpunkt besitzt – oder mehrere. Dann hilft er zum Beispiel bei Kopfschmerz, Verstimmung, Blutunreinheit und Schlafstörungen.
Dieser Brennpunkt wird auch von der Funktion des Steines bestimmt (*Geben-und-Nehmen / Gedächtnis*). Es ist aber nur ein Ausschnitt, denn der Stein hat mehr Möglichkeiten. Diese Möglichkeiten richten sich nach seiner Bewusstseinsart. Also kann ein Stein in einem Menschen helfen, obwohl die Beschwerden pauschal nicht zur Wirkungsweise des Steines gehören. Steine lassen sich äusserlich nach Erfahrungen festlegen, aber das ist noch nicht alles. Manchmal könnt ihr auch Überraschungen erleben.
Ein Bergkristall, Symbol für spirituelle Arbeit, kann auch ein Abrutschen in andere Bereiche «ermöglichen».

Also: Steine arbeiten nie gegen ihre natürliche Funktion. Und sie können in ganz anderen Bereichen wirken, als sich das der begrenzte Mensch vorstellt. Denn Steine sind von ihrer Natur her unbegrenzt.

Natürlich sind auch Menschen von ihren Möglichkeiten her unbegrenzt. Nur wissen sie es noch nicht.

Ein Stein kann nicht heilen, wenn der Betreffende es nicht zulässt

Viele Menschen glauben das Gegenteil. Es gibt Steine, die bereit sind, Energiepunkte des Menschen zu öffnen, doch auch das geschieht nicht automatisch. Der Mensch muss dazu bereit und entwickelt sein, damit sein Körper mit diesen Prozessen fertig wird. Eine automatische Erleuchtung durch das Auflegen von Steinen ist nicht erreichbar.

Das gilt auch für Heilungen. Zum einen ist es wichtig, wie Heiler und Stein miteinander in Einklang sind und ihre gemeinsame Sprache haben. Dann ist es wichtig, wie der Patient mit Steinen umgeht. Am allerwichtigsten jedoch ist, ob er seinen Körper mit seiner Seele heilen möchte.

Steine können schonend und sanft in die Bewusstseinsebenen der Menschen eintreten und die vorhandenen Grenzen auflösen. Das passiert, wenn die Seele des Betreffenden dazu bereit ist. Es gibt keine unerwünschte Krankheit, keine ungewollte Veränderung des Körpers. So, wie der Mensch eine Krankheit beheimatet hat, so muss er auch loslassen wollen. In diesem Sinne ist er aktiv beteiligt, auch wenn das oft nicht einsichtig scheint. Will er über die Erfahrung der Krankheit hinausgehen und durch Heilung für neue Erfahrungen bereit sein, so können Steine dies unterstützen.

Einmal können sie geben und nehmen und so auch Körperstrukturen anregen, einen lebenswichtigen Austausch zu beginnen. Der Mensch kann so durch seinen Körper lernen, zu geben und zu nehmen. Das andere Mal können sie helfen, Erinnerungszentren im Körper zu aktivieren und diese Erinnerungen heilend zu befreien, beziehungsweise, es kann das Körpergedächtnis bewusst gemacht werden. Deshalb werden meist Edelsteine und Mineralien miteinander verwendet. Denn für den Menschen sind beide Funktionen wichtig. Für seinen Körper und für die vielfältigen Möglichkeiten seiner Seele.

Ein Stein kann nur sehr selten schwimmen

Dieser merkwürdige Satz enthält etwas sehr Einfaches. Steine gehen unter, wenn man sie ins Wasser bringt. Steine kämpfen nicht ums Überleben, sie vertrauen jedem Element, das sie umgibt: Feuer, Wasser, Luft oder Erde. Jedes dieser Elemente hat auf den Stein eine besondere Wirkung, jedes hinterlässt andere Spuren. Feuer hinterlässt strukturelle Veränderungen. Luft kann den Stein minimal formen und zur Ausbreitung seiner Substanz beitragen. Auch Wasser. Erde bewegt den Stein, nährt den Stein, ist seine Umgebung.

Gegen all dies ist der Stein zwar nicht machtlos, doch er lässt Veränderungen geschehen, weil sie sein Bewusstsein nicht beeinträchtigen. Eher im Gegenteil. Jede Veränderung kann ein neuer Aspekt im Wachsen des Steins sein und ihn seiner Funktion, seiner Bestimmung näherbringen. Menschen haben den «Nachteil», dass sie sich mit den vier Elementen nicht so gut verbinden können, weil dann ihre Körperstruktur erheblich leidet und weitere Inkarnationen erfordert. Und doch könnt ihr aus dem Untergang des Steines lernen, mehr in euch und eure Umgebung zu vertrauen. Das Weitere gehört in das Kapitel «Der Stein in euch».

Ein Stein ist keine Pflanze

Auch diese Regel klingt sehr einleuchtend. Pflanzen sind grün, Steine nicht immer. Doch wollen wir noch etwas anderes betrachten.

Pflanzen haben in ihren Zellen eine Art Idealbild von sich gespeichert. Es betrifft ihre Grösse, die Blütenfarbe und -form, die Jahreszeiten. Sie passen sich mit diesem Bild ihrer Umgebung an. Steine haben kein solches Bild von sich. Sie sind, genau betrachtet, Bestandteile der Erde und keine ganz selbständigen Wesen. Sie gehorchen den Bedürfnissen ihrer Umgebung und richten sich danach. Sie entstehen durch Druck, Hitze und Molekülansammlungen und doch sind sie gleichzeitig der Ausdruck dafür, was die gesamte Erde an diesem speziellen Ort benötigt.

Auch die Erde ist ein holographisches Gebilde mit Bewusstsein und die notwendigen Orte des Ausgleichs sind gleichmässig verteilt. So entstehen Steine aus einer Notwendigkeit heraus. In diesem Sinne haben sie ein Bild ihrer Funktion, ihrer Aufgabe. Das ist wichtiger als ein Bild der Grösse. Auch kleine unscheinbare Steine können grosse Aufgaben übernehmen.

Steine sind im Vergleich mit Pflanzen keine Gruppenwesen. Es gibt keine Möglichkeit der Kreuzung zwischen Smaragd und Granit. Es gibt weder männlich noch weiblich. Steine sind Einzelwesen, einzelne Bewusstseinsformationen, die aus sich selber wachsen und der Erde helfen, ihr gesamtes Gleichgewicht zu halten. So werden das *Gedächtnisprinzip* und das Prinzip des *Gebens-und-Nehmens* für uns noch verständlicher.

Ein Stein liest keine Zeitung

Steine haben, wie wir schon festgestellt haben, ein anders geartetes Bewusstsein als Menschen. Sie nehmen andere Aspekte ihrer Umgebung auf und gehen mit diesen anders um als Menschen, Tiere oder Pflanzen.

Steine wählen nicht auf eine selektive Art aus, was sie interessiert. Sie würden keine Zeitung lesen, da sie durch eine Zeitung nur einen Bruchteil der Informationen erhalten würden, die sie sonst aufnehmen.

Fast alles aus seiner Umgebung ist für den Stein wichtig. Ob ein Tier über ihn gelaufen ist oder ob vor zwei Tagen ein Feiertag war, ist für ihn nicht so interessant. Doch Strahlungseinflüsse, Druck, Temperatur, Elementarwesen und ihre Aufgaben, ihre eigene Funktion und Aufgabe – das alles ist wichtig. Auch, wie sie abgebaut wurden und was sie auf ihrer Reise bis zu ihrem «neuen Besitzer» erlebten – das ist wichtig. Diese Dinge werden gespeichert und sind durch nachfragen erfahrbar. Doch werten Steine niemals. Wenn Steine in einem Zusammenhang vorkommen, der mit Machtmissbrauch zu tun hat, so haben sie das nicht entschieden. Es war der Mensch, der sie dazu benutzte. Steine würden auch wegen der willkürlichen Urteile nie eine Zeitung lesen.

In diesem Zusammenhang möchte ich noch erwähnen, dass Steine nicht von ihrem Besitzer abhängig sind oder werden können. Steine gibt es ein kleines bisschen länger als die Körper der Menschen. Steine freuen sich über einen Kontakt, wie über einen netten kurzen Besuch. Erst wenn der Mensch begriffen hat, dass er in seinem Wesen so alt ist wie die Steine, wird es möglich werden, die gesamte Geschichte und Aufgabe der Erde von den Steinen erzählen zu lassen.

Steine sind nicht dunkel

Steine sind Licht in einer der greifbarsten und härtesten Formen. Steine sind Repräsentanten des Lichtes, sie verkörpern, je nach Farbe und Steinfamilie einen Aspekt des Lichtes. Obwohl sie in der Dunkelheit der Erde wachsen und vielleicht nie in das Sonnenlicht kommen, speichern sie keine Dunkelheit.

Wenn ein Stein eine Ausstrahlung hat, die dunkel und unheimlich ist, liegt es an dem Menschen, bei dem er vorher war oder an seiner Geschichte. Man kann ihn mit einer gründlichen Reinigung davon befreien. Dies wurde lange von vielen Völkern gehütet: die Vorräte an Steinen und Erzen stehen symbolisch für das Licht, das in einer speziellen Landschaft wirken kann. Orte, an denen viele Steine abgebaut werden, verlieren ihre Ausgeglichenheit und ihr Licht. Süchte und Dunkelheit werden leichter die Menschen angreifen können. Das Licht geht einem Ort verloren und kommt in Form der Steine zu Menschen an anderen Orten. Dies muss im Gleichgewicht bleiben.

Viele Landschaften haben ihre Kraft verloren, ohne dass viele Menschen diese Kraft für sich entdeckt und genutzt haben.

Dazu eine Übung
Lege dich mit geschlossenen Augen auf die linke Seite. Liege bequem. / Nun stelle dir vor, dass du in einem grossen Stollen stehst. Du siehst, wie die Erde bearbeitet wurde. Spüre die Atmosphäre um dich herum. / Lege dich auf den Rücken und frage die Erde, was sie sich wünscht, um diese Verletzungen zu heilen. / Höre ihre Antwort und drehe dich auf die rechte Seite. Sieh wieder den Stollen vor dir und gib der Erde, was sie sich wünscht. / Lege dich nun auf den Bauch, mit der Stirn nach unten. Stelle dir nun vor, dass du über dem Planeten Erde schwebst. / Nimm durch deinen Hinterkopf goldenes Licht auf und hülle die Erde ein. So lange, bis du das Gefühl hast, dass es genug ist. / Lege dich auf eine Seite deiner Wahl und ruhe dich aus.

Diese sieben betrachteten Punkte haben euch mehr über Charakteristika von Steinen verraten. Die eine oder andere Schlussfolgerung kann ein paar Kapitel weiter gezogen werden.

Teil 2
Vom Dialog zwischen Stein und Mensch

Einstimmungen

So wie sich auch Menschen aneinander gewöhnen und anfreunden, so müssen sich auch Steine und Menschen aneinander gewöhnen. Beide aber erleben diese Einstimmung unterschiedlich. Für den Menschen bedeutet dies im einfachsten Falle eine Reinigung des Steines. Das reicht aber nicht aus und ich will euch erläutern, welche Dinge der Stein benötigt, um sich heimisch zu fühlen und sein Potential zu entfalten.
Wer mit seinen Pflanzen spricht, dem wird es nicht schwerfallen, mit Steinen zu sprechen. Habt ihr einen neuen Stein – heisst ihn willkommen. Seht ihn euch ausführlich an und freundet euch mit seiner optischen Erscheinung an. Dann reinigt ihn in Salzwasser[4].

Es gibt ein paar einfache Richtlinien für die Reinigung.
Steine sollten nie in Glas oder Plastik gelegt werden. Lege den Stein in eine Ton- oder Porzellanschale. Nun nimm einfaches Kochsalz für die Küche und gib bis zu fünf Teelöffel (grosse Steine) auf den betreffenden Stein. Fülle die Schale mit kaltem Wasser bis der Stein bedeckt ist. Die Schale sollte am Tageslicht stehen, nicht zugedeckt. Heizungen oder elektronische Geräte beeinträchtigen den Prozess der Reinigung.
Der Stein sollte zwischen einem halben und zwei Tagen in Salzwasser liegen. Wasche ihn gut mit kaltem Wasser ab. Vermeide, deine Hände in das Salzwasser zu tauchen. Dort ist nun viel gelöst, was der Stein vielleicht jahrelang in sich getragen hat. Du sollst dich nicht damit belasten.

Sucht indessen nach seinem Platz – wo soll er stehen – und tragt ihn dorthin. Auf dem Weg zu dem Ort könnt ihr so etwas wie eine kleine Wohnungsführung machen. Der Stein wird dies dankbar annehmen, denn er kann eure Atmosphäre erspüren und begreift besser, wo und mit wem er leben wird.
Der Ort für einen Stein sollte ein persönliches Zimmer sein, jedenfalls in den ersten zwei bis drei Wochen. So kann sich der Stein mit eurer Aura, eurem Wesen beschäftigen und euch dann besser verstehen.
Auch Steine, die später in grossen Räumen mit Gruppen ihrer Funktion nachgehen sollen, benötigen am Anfang diese Ruhephase, sonst sind sie später orientierungslos und in ihrer Funktion beeinträchtigt. Auch ihr könnt eurer Aufgabe nicht nachkommen, wenn ihr heimatlos und ohne Freunde seid.

---

(4) Vergl. Kapitel 20, Ergänzungen u.a. zur Reinigung von Steinen; Anm. d. Verf.

Sowohl Edelsteine als auch Mineralien benötigen diese Einstimmungszeit. Ihr könnt diese Zeit dazu benutzen, über den Stein nachzudenken. Wie wirkt er optisch auf euch? Wie fühlt er sich an? Was geht von ihm aus?
Diese Eindrücke sind vor der ersten konkreten Kontaktaufnahme wichtig. Auch könnt ihr überlegen, welche Funktion der Stein für euch haben könnte. Ihr werdet später alle offenen Fragen mit dem Stein klären können.

Weiteres zum Standort:
Der Stein sollte wenig künstlichem Licht ausgesetzt sein, er liebt den Rhythmus des Tages, den er in der Erde nur durch Strahlungsveränderung mitbekam.
Er sollte nicht unmittelbar vor oder auf Lautsprechern stehen. Töne haben eine ganz besondere Wirkung auf Steine, auf die im Farbkapitel näher eingegangen werden soll. Steine lieben Pflanzen. Zwischen ihnen kann ein Austausch bestehen, der es dem Stein leichter macht, sich auf seine neue Umgebung einzustimmen.
Ihr kommt einem Stein sehr entgegen, wenn ihr seine Bedürfnisse anerkennt. Eine spätere Zusammenarbeit wird leichter sein und in Übereinstimmung stattfinden.

Nicht alle Steine benötigen diese ausführliche Einstimmung.
Beginnt mit der Einstimmung bei Steinen, die ihr für Heilzwecke verwenden wollt, die später einmal Räume reinigen sollen oder denen ihr euch auf eine unbegreifliche Weise verbunden fühlt. Doch schadet es nicht, alle Steine in Salzwasser zu reinigen. Ihr solltet keinen Stein ohne Reinigung tragen oder an eurem Bett stehen lassen. Denn die Speicherung des Steines kann euch beeinträchtigen. Die sogenannten Handschmeichler solltet ihr immer gründlich reinigen. Sehr oft kommen sie von Orten, die durch den Steinabbau stark verletzt wurden.

Das nächste Kapitel wird erklären, wie ein Mensch mit einem Stein Kontakt aufnehmen kann. Steine, mit denen die Kontaktaufnahme geübt wird, sollten eine ausführliche Einstimmung erfahren.
Überstürzte Eile in der Steinarbeit kann unnötige Nebenwirkungen haben (siehe Kapitel 14, «Vermeidbares»).

Bestimmung durch Kontaktaufnahme

Dieses Kapitel ist eines der wichtigsten Kapitel. Es soll euch vermitteln, wie ihr Kontakt zu Steinen aufnehmt und erklärt anschliessend, wie ihr Funktion und Wirkungen bestimmen könnt. Kontakt mit einem nicht-sprechenden Wesen zu haben, erscheint im ersten Moment sehr schwer.

Macht dazu eine einführende Übung:
Setze dich mit geschlossenen Augen aufrecht hin. / Stelle dir vor, dass du von grünem Licht eingehüllt wirst. Geniesse diese grüne Lichthülle und ruhe dich aus. / Denke dann an eine Lieblingspuppe oder ein Lieblingstier aus deiner Kindheit. Sieh es vor dir. / Begrüsse es und frage es, ob es eine Botschaft für dich hat. Erinnere dich dabei an deine frühen Tage und den Spass, den ihr miteinander hattet. Höre diese Botschaft und bedanke dich. / Frage es nun nach einem Stein. Lasse dir einen Stein geben und spüre ihn zwischen deinen Händen. / Begrüsse den Stein, schicke ihm deine Liebe. / Frage ihn, ob er eine Botschaft für dich hat. Höre die Botschaft und bedanke dich. / Nimm nun den Stein in deinen Körper auf. Achte darauf, was geschieht. / Hülle dich in weisses Licht und ruhe dich aus. / Komme langsam wieder zurück.
Nach dieser Übung ist es nicht mehr so schwer, mit einem realen Stein einen Dialog zu beginnen.

Beginnt das folgende, nachdem ihr den Stein auf euch eingestimmt habt.
Legt den Stein in eure rechte Hand, übermittelt ihm Liebe und Vertrauen. Versucht die Sätze, die ihr an ihn richtet, durch eure Handfläche zu ihm zu schicken. Nehmt dann den Stein in die linke Hand und erspürt, was er euch sagen will. Vielleicht kommen Bilder in euren Sinn, vielleicht «hört» ihr auch eine Antwort. Probiert dies in einer ruhigen Atmosphäre aus, bis eine Art Dialog zustande kommen kann.

Es kann geschehen, dass der Dialog durch eine zu hohe Erwartung oder unbewusste Motivationen anfangs sehr schwer ist. Eine spielerische Einstellung unterstützt das Gelingen. Krampfhaftes Vorgehen oder fehlende Freude übertragen sich auf Steine. Auch sie werden dann in gewisser Weise dickköpfig. Bleibt offen und neugierig und behandelt jeden Stein mit Respekt – sei er auch noch so klein.
Auch sollte die Zeitdauer des Übens nicht zu lange sein. Fünfzehn Minuten sind am Anfang genug.

Übungen allgemeiner Art, wie sie in den Anfangskapiteln und im Übungsteil (6. Teil, Kapitel 18) erklärt werden, geben euch Hilfen.

Die Übungsphase mit einem Stein kann je nach Stein unterschiedlich lange dauern. Dabei kommt es auch darauf an, ob ihr einen Edelstein oder ein Mineral ansprecht. Mineralien können am Anfang die Lehrmeister eines Dialoges sein. Sie können bei Nachfrage direkt lehren, wie ihr mit Steinen Kontakt aufnehmen könnt, denn sie sind in der Lage, vergessene Fähigkeiten der Erinnerung zugänglich zu machen.

Habt ihr den ersten Kontakt aufgenommen, gibt es eine Art Fragenkatalog, der euch dem Stein näherbringt. Befragt ihn über folgende Dinge und schreibt euch die Antworten auf.

– Lasst euch den Herkunftsort beschreiben, wie sah er aus?
– Lasst euch das Wachsen des Steines beschreiben; mit welchen Kräften wirkte die Erde auf ihn ein?
– Lasst euch beschreiben, auf welche Art er aus der Erde geholt wurde; ist er der kleine Teil eines grossen Steines?
– Wie wurde er bis jetzt von Menschen behandelt?
– Hat er einen Elementargeist bei sich?
– Welchen Namen hat dieser Elementargeist und wie kann mit ihm Kontakt aufgenommen werden?
– Welchen Wunsch hat der Stein?
– Welchen Wunsch hat der Elementargeist, wenn vorhanden?

Diese Fragenliste wird euch einiges erleichtern, denn ihr erfahrt die Geschichte des Steines, den ihr jetzt beheimatet. Mit einiger Übung könnt ihr dann erkennen, ob es gut ist, diesen Stein für bestimmte Heilzwecke zu verwenden oder nicht.
Dieser Fragenkatalog ist ein Dialog zwischen Mensch und Stein. Der Stein hat euch seine Geschichte nahegebracht. Vielleicht könnt ihr aus seinen Antworten erkennen, wie ihr zusammenarbeiten könnt. Bei jeder Unklarheit, die es gibt, befragt den Stein. Habt keine Bedenken, auch eine scheinbar dumme Frage zu stellen. Steine urteilen nicht über Fragen. Sie werden in der Regel eine angemessene Antwort geben.

Falls es eine Frage gibt, die der Stein nicht beantwortet und die mit seiner späteren Verwendung zusammenhängt, *macht die folgende Übung:*
Lege dich mit geschlossenen Augen auf den Rücken. Lege deine Arme in Schulterhöhe (wie ein Kreuz) mit den Handflächen nach oben. / Stelle dir nun vor, dass aus deinen Handflächen Licht kommt. Schau, welche Farbe es hat. / Lass das Licht eine Hülle um deinen Körper weben. Ruhe dich einen Moment aus. / Nun sieh, wie aus deinem Scheitel und aus deinen Füssen goldenes Licht kommt. Lasse von Füssen und Kopf einen Lichtbogen wachsen, der sich über deinem Herzen trifft. / Nimm nun das goldene Licht in dein Herz und fülle allmählich deinen ganzen Körper damit aus. / Lasse es durch die Poren nach aussen, bis du von einer goldenen Hülle umgeben bist. / Stelle dir nun vor, dass dein Stein auf deinem Herzen steht. / Stelle ihm deine Frage und bitte ihn um eine Antwort. Höre sie und nimm dann den Stein in dein Herz auf. / Ruhe dich im goldenen Licht aus und komme dann zurück.

Durch diese Übung reinigt ihr euch und störende Einflüsse, die einen weiteren Dialog unmöglich machten, können so abgeschwächt werden.

Ein weiterer wichtiger Punkt sind die Elementargeister. So wie auch Pflanzen haben Steine oft einen persönlichen Bewacher und Ratgeber in Form eines Elementargeistes. Sie reisen mit dem Stein und bemühen sich, seine natürlichen Funktionen zu erhalten und ihm zur Seite zu stehen.
Bei gewaltsamem Steinabbau kommt es jedoch häufig vor, dass die Elementargeister am Abbauort bleiben, um die Erde zu heilen. Auch diese Aufgabe ist sehr wichtig, denn schlecht verheilte Narben der Erde wirken sich ungünstig auf ihre Umgebung aus. Es ist nicht zufällig, dass in Steinabbau- oder Goldschürfgebieten oft sehr raue Sitten unter den Menschen herrschen, die über die Habgier weit hinaus gehen. Indem sie schonungslos und ohne Liebe die Erde ausbeuten, fügen sich diese Menschen selber kleine seelische Verletzungen zu.

Würden die Elementargeister an diesen Orten nicht ihre Arbeit verrichten, würde es noch mehr Kriege auf eurer Welt geben.

Der Elementargeist eines Steines ist nicht unbedingt Repräsentant seiner Familie, kann aber oft den Kontakt zu Wasser-, Feuer-, Luft- oder Erdgeistern herstellen.
Der Kontakt zu mächtigeren Geistern sollte erst aufgenommen werden, wenn ihr genügend Erfahrungen mit den Begleitgeistern der Steine habt.

In der Steinarbeit geht es zunächst darum, mit dem Stein zu arbeiten. In seine Fähigkeiten zu vertrauen und ihn um Hilfe zu bitten.
Elementargeistern solltet ihr viel Respekt entgegenbringen. Auch kleine Wesen sind mächtige Wesen. Sie sind in der Lage, ihre Mitarbeit zu verweigern, wenn eure Motivationen unklar sind. Sie sind Begleiter und Berater von Steinen und für eure Steinarbeit zunächst nicht wichtig.
Falls sie sich selber melden, befragt sie und entscheidet, ob ihr mit ihnen *und* den Steinen arbeiten wollt. Eure Entscheidungen werden respektiert, doch müsst ihr sie treffen und deutlich machen. Versucht auf keinen Fall, alleine und ohne Übung Kontakt zu einem grossen Elementargeist aufzunehmen. Wie leicht kann eine Spielerei auf euch zurückfallen!

Wisst ihr über die Geschichte des Steines Bescheid, könnt ihr ihm spezielle Fragen über seine Wirkungen stellen. Eigentlich würdet ihr nur einen Stein benötigen, denn er hat die Möglichkeit, euch alle Fragen zu beantworten. Dazu müsste der Kontakt sehr, sehr intensiv sein und daher ist es besser, die Fragen allgemeiner Art auf verschiedene Steine zu verteilen.
So wie wir Ratgeber zwar ein breites «Wissen» haben, so haben wir jedoch oft ein Spezialgebiet und auch eine persönliche Note, die uns auch unterscheidet.
Bei den Steinen ist es nicht anders und ihr könnt bemerken, dass sie auf eine Frage etwas unterschiedlich antworten. Die Einstimmung des Steines und die anschliessende Kontaktaufnahme anhand der Fragen sind die Grundlage für seine Bestimmung.

Was bedeutet nun Bestimmung?
Ihr wisst sicher schon, um welchen Stein es sich offiziell handelt und für welche Zwecke er verwandt werden kann. Ihr müsst nun genauer seine Funktion ergründen (*Geben-Nehmen oder Gedächtnis*). Aus der Form könnt ihr das ungefähr ableiten, auch aus einer Buchbesprechung (*Edelstein oder Mineral*). Aber wirkt dieser Stein richtig auf euch, ist er zu stark, zu schwach?

Um dies herauszufinden, macht folgendes: Legt euch hin. / Visualisiert eure Kraftzentren [5] und darauf den Stein.
Es ist angeraten diesen Stein zu benutzen, wenn
– im ersten und zweiten Chakra Wärme ist
– im dritten Klarheit
– im vierten Weite
– im fünften blaue Weite
– im sechsten ein Bild des Steines
– im siebten ein angenehmes Gefühl.

(5) Vergl. z.B. Linda N. Brennan, Lichtarbeit oder Rosalyn Bruyiere, Räder des Lichts; Anm. d. Verf.

Es ist egal, welche Funktion der Stein hat und es ist egal, welcher Typ von Mensch ihr seid. Ein Stein guter Wirkungsweise wird diese Bilder bei euch hinterlassen. Macht diesen Bestimmungstest zu zweit, so könnt ihr das direkt aufschreiben. Bestimmung ist hier also keine Namensgebung oder Ähnliches, sondern die Antwort auf die Frage: ist dieser Stein für mich bestimmt?
Natürlich können sich die Antworten ändern. Jetzt mag euch ein Stein ungünstig erscheinen und nach einem Monat ist er für euch bestimmt. Ihr beide verändert euch und kein Eindruck ist von ewiger Gültigkeit.

Wollt ihr einen Stein für einen anderen Menschen bestimmen, wendet auch dieses Verfahren an. Visualisiert diesen Menschen mit dem Stein auf den Energiepunkten.

Was ist zu tun, wenn das Ergebnis halb/halb ist?
Dann befragt den Stein und den Elementargeist direkt. Obwohl du für ihren «Besitz» scheinbar verantwortlich bist, sind sie doch auch zu dir gekommen. Sie wissen, wann und wozu sie ihre Verwertung finden werden. Vielleicht ist es auch noch zu früh, dir das mitzuteilen. Warte und unterhalte dich weiterhin mit ihnen. Dies mag euch alles sehr ausführlich erscheinen. Das ist die Basisarbeit!
Jedes Handwerk will erlernt sein und nach ein paar Jahren lassen sich einige Schritte vereinfachen und kürzen. Dem Beginn ist eine gewisse Genauigkeit dienlich und auch euch. Ihr könnt euch mit grösserer Sicherheit bewegen, ohne Bedenken, etwas «Falsches» zu tun.

Um den Dialog mit unterschiedlichen Steinen zu üben, könnt ihr Folgendes tun:
Nimm dir morgens und abends etwa eine halbe Stunde Zeit. Suche dir einen Abendstein aus. Frage ihn zu Ereignissen deines Tages. Oder halte ihn in den Händen und überblick noch einmal deinen Tag. Nimm jeden Morgen einen anderen Stein in die Hand und führe einen kurzen Dialog. Oder halte ihn nur in den Händen und werde langsam wach.
Es ist wichtig, abends nur einen Stein zu nehmen. Er gibt euch Sicherheit für die Nacht und kann helfen, die Geschehen des Tages gehen zu lassen. Morgens seid ihr offen und unbelastet. So könnt ihr mit unterschiedlichen Steinen spüren, mit welchem ihr vielleicht arbeiten wollt.

Einen Abendstein zu haben, ist bei kontinuierlicher Steinarbeit angeraten. Er ist wie ein Freund, mit dem ihr eure Arbeit am Abend noch einmal betrachten könnt. Er sollte allerdings nicht neben dem Bett stehen, sonst könntet ihr wenig Ruhe finden.

Die Bedeutung der Farbe

Es gibt zwei unterschiedliche Aspekte:
1. Die Bedeutung der Steinfarbe
2. Die Bedeutung der Funktionsfarbe

Die Bedeutung der Steinfarbe

Jeder Stein hat eine Farbe, die nicht unbedingt speziell sein muss, da andere Erscheinungsformen von ihm eine andere Farbe haben.

Oft gefallen einem Menschen Steine einer bestimmten Farbe. So wie er Vorlieben für die Farben in seiner Kleidung haben mag.
Es ist nicht unbedingt gut, einen Stein zu wählen, dessen Farbe euch anzieht. Vielleicht stärkt diese Farbe Dinge, die ihr eigentlich verabschieden könntet.

Ihr seid, ohne es zu sehen und zu fühlen, von einer energetischen Hülle umgeben, die ihr Aura nennt. Die Aura besteht aus unterschiedlichen Schichten und Farben.
Die Farben symbolisieren Gefühle, Entwicklungen und Potentiale. Stets seid ihr von unterschiedlichen, ineinander wachsenden und sich verändernden Farben umgeben.

Manchmal tritt die Situation ein, dass ihr von einem Muster eures Lebens genug habt. Ihr wollt es nicht mehr. Doch davon loszukommen, ist nicht einfach, denn dieses Muster findet sich als Farbe oder Farbkombination in eurer Aura. Erst wenn durch unterschiedliche Arten die Aura geklärt werden kann, werdet ihr nicht mehr das Verlangen haben, das Muster ständig zu wiederholen.

Doch wenn ihr mit Teilen von euch an dem Muster verhaftet seid, werdet ihr unwillkürlich nach Farben suchen, die das Muster in eurer Aura stärken und damit aufrechterhalten. So könnt ihr Steine einer bestimmten Farbe bevorzugen.
Allgemein gilt für den Umgang mit Farben: überprüfe deine Gefühle und achte auf deren Veränderung, wenn du dich mit einer gewählten Farbe umgibst. Farben sind Symbole für Schwingungen und damit auch Symbole für Zustände aller Wesen. Das sollt ihr immer bedenken.

Die Farben kommen, physikalisch und chemisch betrachtet, durch bestimmte Elementkombinationen in den Steinen zustande. Aber auch hier ist nichts zufällig; jedes Element wird zwar einer bestimmten, für euch sichtbaren Farbe zugeordnet, doch das ist nur ein Ausschnitt aus dem Spektrum seiner Möglichkeiten.
Es ist nicht ganz so, dass eine Farbe immer die Bedeutung des Steines nach aussen bringt. Ihr ordnet euren Energiepunkten zwar Farben zu, aber ein grüner Stein an einem grünen Energiepunkt muss nichts bewirken. Das ist an vorgefertigten Steinbehandlungen nicht ideal.

Ein Amethyst müsste demnach ein erleuchteter Stein sein und Gold auch. Es sind unbewusste Erfahrungen mit eurer Aurafarbe, die euch diese Ideen eingeben. Ihr wisst wortwörtlich, wie sich Farben anfühlen und auch deshalb war es den Menschen möglich, viele verschiedene Farbnuancierungen zu erschaffen. Die Vorstellung, wie eine Farbe auszusehen hat, kommt aus dem eigenen Erleben.

Die Steinfarbe führt euch zu Farben, die ihr in und an euch selbst unterstützen wollt – aus den unterschiedlichsten Motiven heraus. Nun einmal eine grobe Zuordnung:

Weiss: Transparenz und Transformation, Geben-und-Nehmen in Reinform
Violett: Mitleid und Erkennen verschiedener Bewusstseinsstufen
Rosa: Liebe aus der Zentriertheit heraus
Grün: Wachsen und Veränderung, Klärungsprozesse
Blau: Heilung des physischen und psychischen Körpers
Orange/Rot: Überlebensenergie (sie muss in ausreichendem Masse vorhanden sein)
Gelb: Transformation im Grobstofflichen, auch Intellekt

Diese Zuordnung bedeutet aber nicht, dass ein Stein mit der jeweiligen Farbe den entsprechenden Bereich ermöglicht oder unterstützt. Es soll zeigen, welche Dinge ihr zuerst unbewusst mit den Farben verbindet.
Ich möchte nicht missverstanden werden. Ihr empfindet eine Farbe angenehm, weil sie Aspekte eurer Aura unterstützt, die ihr noch nicht aufgeben wollt. Oder eure Aura hat zu wenig von dieser Farbe, was oft damit verbunden ist, dass für euch nun ein Thema wichtig wird. Nehmen wir ein Beispiel: in deiner Aura befindet sich sehr wenig Blau. Hinzu kommt ein allgemeines körperliches Unbehagen. Du leidest an Blau-Mangel, weil du diese Farben in deine Zellen leitest und dort verbrauchst, um dich zu heilen. Dieses Bedürfnis wird dazu führen, dass du gerne Blau trägst, blaue Blumen und Bücher magst. Verschwindet die Farbvorliebe nach einer Weile, hast du genug. Deine Aura befindet sich im Gleichgewicht.

Bist du dir nicht sicher, ob du im Moment für das Gleichgewicht deiner Aura eine Farbe brauchst, mache folgende Übung:
Lege dich mit geschlossenen Augen auf den Rücken. Werde ruhig und ruhe dich aus. / Stelle dir nun vor, dass über dir ein grosser Kristall schwebt. Das Sonnenlicht bricht sich in ihm. Du liegst im Licht eines Regenbogens. / Nimm die Regenbogenfarben über dein Herz auf und leite sie durch deinen ganzen Körper. Sie werden in jeder Zelle gespeichert. / Nimm immer mehr auf und lasse nun Regenbogenlicht aus deinem Bauch hinausströmen. / Hülle dich selbst in eine regenbogenfarbige Hülle und ruhe dich aus. / Wenn du genug hast, komme langsam zurück.

Farben mögen viele Aspekte haben; mehr als ich erwähnt habe. Das ist dein eigenes Empfinden. Für die Arbeit mit Steinen wollen wir diese Farbdeutungen zunächst als Orientierung verwenden.

Die Bedeutung der Funktionsfarbe

Die Funktionen *Geben-und-Nehmen* und *Gedächtnis* sind mit Farben verbunden. Weiss, Violett und Rosa gehören zu *Geben-und-Nehmen*, alle anderen Farben gehören zur *Gedächtnisfunktion*.

Steine mit der *Geben-und-Nehmen-Funktion* haben eine sehr grosse innere Eigen-schwingung, denn sie arbeiten transformierend.

Weiss ist die Farbe aller Farben, die Mutter der Farben – sie enthält alle in sich verbor-gen. Ihr kommt auch die stärkste Verwandlungsgabe zu, die höchste Umwandlung. Steine, die stark transformieren, sind deshalb weiss oder durchsichtig.
Violett und Rosa haben auch *Geben-und-Nehmen-Funktion*; die Erkenntnis, das Mitleid und die Liebe können niemals einseitig sein. Auch sie setzen einen Austausch des Men-schen mit seiner Umwelt voraus. So haben Steine dieser Farbe primär ihre spezielle Funktion.
Alle anderen Farben der Steine arbeiten mit dem *Gedächtnis*. Gelb, Blau, Grün, Orange und Rot sind also ein Erkennungsmerkmal für Steine, die mit Gedächtnis im weitesten Sinn zu tun haben.

Grün: Wachsen, Veränderung – bedeutet Erinnerungen zuzulassen, aber die Erinnerungen nicht zur Zukunft zu machen

Blau: Heilung – bedeutet Schmerzen und Kreisläufe zu heilen, auch in der Erinnerung

Orange/Rot: Überlebensenergie – bedeutet Hilfe, wenn kein Lebenswille vorhanden ist, Heilung von traumatischen Erlebnissen

Gelb: Grobstoffliche Transformation, Intellekt – bedeutet das Thema Gedächt-nis im allgemeinen

In dieser Art kann die äussere Steinfarbe auf Funktionen und Themen eines Steines hin-weisen. Wir wollen nun die Form der Steine nicht ganz ausser acht lassen. Wir haben gesagt, dass ihre Form Auskunft über ihre Funktion gibt.
Klassische Kristallspitzen sind für die *Geben-und-Nehmen-Funktion* sehr gut geeignet, während Mischformen eher spontan die *Gedächtnisfunktion* wählen. Auch die Zuord-nung eines Steines zu den Edelsteinen oder Mineralien erläutert das Prinzip der Farb-gebung. Es gibt zwar Mineralien, die durchscheinende Kristalle aufweisen, und doch ist ihre Struktur eine andere und damit auch ihre Funktion.

Das bedeutet in Reinform:
Weisse, violette und rosa Kristalle haben die Funktion *Geben-und-Nehmen*. Alle ande-ren Farben, egal welcher Form von Steinen, haben die *Gedächtnisfunktion*. Dies sind nur äusserliche Orientierungen. Ob ein Stein auch noch andere Möglichkeiten hat, stellt sich im Kontakt mit ihm heraus.

Wir müssen nun noch zwei Aspekte bei der Bedeutung der Funktionsfarbe beachten:
der eine, auf den wir bis jetzt eingingen, ist der der äusserlich sichtbaren Farbe.
Der zweite Aspekt betrifft die *innere Farbe* des Steines. Diese Farbe ist äusserlich nicht sichtbar und kann sich auch von der sichtbaren Farbe unterscheiden. Das ist recht oft der Fall. Die *innere Farbe* des Steines können wir auch als seine Aura bezeichnen. Er wählt diese Aura selber, denn er ist in seinem Bewusstsein bewusst und geht in sich sel-ber auf. So spiegelt die Aura seine Bewusstseinsstufe und auch seine Aufgaben wider. Auch die Aufgaben kann sich der Stein wählen. Und sie können sich verändern. Die

Aura wirkt noch intensiver auf den Menschen ein, als die sichtbare Farbe des Steines. Es geschieht etwas, wie der Austausch zwischen den feinen Hüllen.

Das Bewusstsein des Steines und das Wesen des Menschen treten in einen Kontakt, der sehr fein und empfindlich ist. Der Stein nimmt das wahr, der Mensch nur bei ausdauernder Schulung. Gerät ein Mensch in einen Dialog mit einem Stein, können beide zusammen die Aufgabe und die Aura des Steines verändern, so dass der Stein dem Menschen seine volle Kraft zur Verfügung stellen kann. Dies ist nur möglich, wenn der Dialog einige Zeit geführt wurde. Natürlich lässt sich die Funktion eines Steines mit Gewalt ändern, doch dies wird nichts Gutes zur Folge haben.

Will ein Mensch an seiner Aura arbeiten, will er zum Beispiel lernen, sie wahrzunehmen, so kann ein vertrauter Stein eine grosse Hilfe sein. Es ist nicht so erheblich, ob es ein edler Stein oder ein Mineral ist. Entscheidend ist die Bereitschaft des Steines zur Arbeit an seiner Aura, zur Veränderung seiner Aufgaben.
Wenn es euch noch nicht möglich ist, mit einem Stein direkt über seine *innere Farbe* zu reden, so empfiehlt sich das Folgende: Nehmt den Stein in beide Hände und bittet ihn, euch seine innere Farbe an euch zu geben. Konzentriert euch auf euren Herzbereich und wartet, welche Farbe dort ankommt.

Die inneren Farben des Steines und ihre Bedeutung

Weiss: geklärtes Bewusstsein hoher Stufe, eine Brücke ins Licht.

Die Brücke ins Licht bedeutet, dass mit einem Stein innerer weisser Farbe die Bedeutung des Ursprunges gefunden werden kann. Dort, wo alle Wesen geboren werden und wo ihre Heimat ist. Dieser Stein kann helfen, eure Erinnerung an das Licht wieder lebendig werden zu lassen. Als Edelstein ist er fähig, das Bewusstsein des Lichtes in euren Alltag zu bringen. Als Mineral ist er fähig, die Erinnerungen an eure Heimat im Licht zu klären.

Blau: Heilung der Erinnerungen, das vergessene Kind, die Brücke zur Vergangenheit

Die Brücke zur Vergangenheit bedeutet, dass mit einem Stein innerer blauer Farbe Erinnerungen geklärt werden können.
Blaue Edelsteine haben die Fähigkeit, Erinnerungen aus vergangenen Leben zu klären und heilend auf Kreisläufe der Verletzungen zu wirken. Durch sie ist ein Verständnis grosser Zusammenhänge möglich.
Blaue Mineralien erlauben Heilung des Gruppenbewusstseins aus vergangenen Leben. Gruppen, die folterten oder andere Gruppen missbrauchten, können so durch den, der das Geschehen in seinem Körper gespeichert hat, geheilt werden.

Grün: die Veränderung der Welt, Bestimmungen und Aufgaben, die Brücke zur Gegenwart

Die Brücke zur Gegenwart bedeutet, dass ein Stein innerer grüner Farbe die Fähigkeit hat, das Bewusstsein eines Menschen in die Gegenwart, in der er lebt, zu holen. Edelsteine grüner Farbe können die Gegenwart zu einem ewigen Fliessen machen, zum ewigen Moment, in dem das Leben mit seinen Aufgaben Freude und Erfüllung bringt. Mineralien grüner Farbe können Fluchttendenzen eines Menschen heilen, die mit Erinnerungen an vergangene Leben verknüpft sind. Sie bringen den Menschen erneut zur Welt.

Rot: der Ursprung des Lebens, Körperstufen; die Brücke zum Leben

Die Brücke zum Leben bedeutet, dass ein Stein innerer roter Farbe fähig ist, dass der Mensch seine Entscheidung zum Leben erkennt. Und mit der Entscheidung seine Aufgaben und Entwicklungen.
Rote Edelsteine verwandeln negative Lebenseinstellungen, die Fluchtversuche sind. Sie können deswegen auch schwere Krankheiten klärend beeinflussen.
Rote Mineralien erinnern den Menschen an seine Wünsche, Ideen und Aufgaben und heilen lebensfeindliche Erinnerungen aus vergangenen Leben.

Gelb: die universellen Kräfte, die Brücke zum Tod

Die Brücke zum Tod bedeutet, dass Steine innerer gelber Farbe fähig sind, die Angst vor dem Tod zu klären. Diese Angst ist eine Art von Wahrnehmung, zu der sich viele Menschen entschlossen haben.
Gelbe Edelsteine können den Menschen erkennen lassen, dass er mit den Kräften des Universums in Einklang steht und sein Wesen auch eine besondere Form der Energie ist. Diese Energie ist ewig und der gelbe Edelstein kann dieses Wissen langsam wachsen lassen.
Gelbe Mineralien helfen, die Erinnerungen an gewaltsame oder schmerzhafte Tode in vergangenen Leben zu heilen. Mit der geheilten Erinnerung schwindet auch die Angst.

Die *innere Farbe* eines Steines zeigt also, an welchen Themen er mit einem Menschen arbeiten kann. Wie gesagt, kann ein Stein innerhalb kurzer Zeit eine andere *innere Farbe* haben. Es gibt jedoch Steine, die euch hauptsächlich für die Beschäftigung mit einem bestimmten Thema zur Verfügung stehen. Seid ihr geübt, mit einem Stein zu reden, wird er euch eure wichtigen Themen zur richtigen Zeit durch die innere Farbe zu erkennen geben. Ihr könnt nachfragen. Es empfiehlt sich jedoch, immer mit der *inneren Steinfarbe* zu arbeiten. Ihr Erkennen löst eine Resonanz in eurer Aura aus und so können die Themen entspannter betrachtet werden. Themen aus einer scheinbar durchdachten Notwendigkeit heraus zu wählen, ist ein Weg, doch kein empfehlenswerter Weg. Dabei kann das Gefühl für die richtige Zeit von unbewussten Motivationen unterdrückt werden. Es kann sein, dass zwei Menschen eine unterschiedliche Wahrnehmung der *inneren Farbe* haben, dann haben sie unterschiedliche Themen.

Nicht ganz einfach ist es, die Bedeutung der äusseren Steinfarbe mit der *inneren Funktionsfarbe* zu verknüpfen. Es gelten dabei folgende Punkte:
– die äussere Farbe eines Steines beschreibt sein bevorzugtes Themengebiet, das aber auch veränderbar ist;
– die äussere Farbe des Steines und die Aura des Menschen ergänzen sich in der beschriebenen Art;

– die Klärung und Heilung der Aura des Menschen kann ihn zur Wahrnehmung der *inneren Steinfarbe* führen;

– die *innere Steinfarbe* nimmt mit feineren Schichten der menschlichen Aura Kontakt auf;

– die Wahrnehmung der inneren Farbe spricht Themen an, die den Menschen beschäftigen:

– die Themen der äusseren und *inneren Steinfarben* ergänzen einander. Ein Beispiel: Der Stein ist äusserlich blau und innen grün. Es geht zunächst darum, die Heilung von Psyche und Physis zu unterstützen. Das Thema «die Brücke zur Gegenwart» kann eine Erklärung von Krankheit sein.

Es gilt also:
Die äussere Farbe zeigt ein übergeordnetes Thema.
Die *innere Farbe* zeigt, welche Themen geklärt und geheilt werden können, um mit dem übergeordneten Thema arbeiten zu können.

Wird dem Menschen klar, dass er in einem Leben seine Aufgabe nicht gelöst hat und diese Erinnerung ihn jetzt dazu bringt, dieses Leben nicht leben zu wollen, so findet sich ein Verständnis für physische oder psychische Krankheiten.
Betrachtet zunächst die äussere Farbgebung, bittet dann um die *innere Farbe*. Dann wird euch vielleicht ein Bild erscheinen. Oder ihr wünscht, euch an einer der Farben zu orientieren. Sprecht mit dem Stein, wenn ihr in diesem Bereich Schwierigkeiten habt. Der Dialog lässt sich nur sehr schwer mit äusseren Regeln ersetzen.
Alle Arbeit, die in diesem Buch beschrieben wird, gründet auf der Kontaktaufnahme und dem gegenseitigen Verständnis zwischen Stein und Mensch.
Ich möchte euch zu diesem Dialog Mut machen, denn euch ist nichts unmöglich. Nur in einer Vorstellung, die von Menschen an Menschen weitergegeben wurde, ist etwas unmöglich.

Ihr könnt mit Steinen sprechen!

Noch ein paar Worte zu Tönen. Viele Menschen bringen Farben und Töne in einen direkten Zusammenhang. Es gibt Frequenzberechnungen, die jeder Farbe einen Ton zuordnen. Das ist eine Idee, aber keine, die uns im Zusammenhang mit Steinen zufriedenstellt. Töne tragen andere Themen in und mit sich. Da es sehr, sehr viele Töne gibt, gibt es auch viele Themen, beziehungsweise Themenvariationen.
Edle Steine reagieren stark auf hohe Frequenzen. Mineralien eher auf tiefere. Diese Reaktion ist von der äusseren Farbe des Steines unabhängig. Allein die *innere Farbe* wird durch Töne aktiviert oder in andere Farben umgewandelt. So wie auch beim Menschen kann ein Stein mit einem Tonkonzert ein «Farbkonzert» in seiner Aura hervorrufen. Umgekehrt ist es eher dem Menschen möglich. Er kann zum Beispiel seine Aurafarbgebung durch Singen stimulieren und klären. Menschen reagieren nicht nur auf ihre eigene Stimme in dieser Weise, sondern auch auf andere Stimmen. Deshalb war Vokalmusik immer beliebter als Instrumentalmusik.
Aber zurück zu unseren Steinen. Fragt Steine nach ihren *inneren Farben* oder erfühlt diese und fragt sie nach Tonvorlieben.

Stellt Steine nie auf Lautsprecherboxen oder neben Sender und Fernseher.

Übungen zu den inneren Farben

Die innere Farbe Weiss

Lege dich mit geschlossenen Augen auf den Rücken. Stelle dir vor, dass durch deinen Scheitel weisses Licht in deinen Körper strömt. Fülle den Körper aus und geniesse das. / Stelle dir nun vor, dass aus deinem Bauch ein grosser Strahl von weissem Licht kommt. Schicke ihn in den Himmel und sieh, wie hell und schön das Licht ist. / Sieh, wie du eine Säule geschaffen hast, die bis in die Himmel reicht. / Sieh nun, wie du dich in dieser Säule in den Himmel bewegen kannst. Du kommst höher und höher. / Du kommst zu einem Ort, der aus reinem weissen Licht ist. Gehe dorthin. / Suche dir einen Ort in diesem Licht, wo du dich wohlfühlst. Spüre, dort bist du zuhause. Ruhe dich aus. / Verlasse dann den Ort aus Licht und gehe zu der weissen Lichtsäule. Tauche in sie ein und lasse dich zur Erde, in dein jetziges Leben, zurücksinken. / Spüre, dass du immer noch mit weissem Licht gefüllt bist. Ruhe dich aus und komme langsam zurück.

Die innere Farbe Blau

Lege dich mit geschlossenen Augen auf den Rücken. Stelle dir nun vor, dass blaues Licht durch deinen Scheitel dringt. Fülle den ganzen Körper mit Licht und ruhe dich aus. / Nun stelle dir vor, dass sich das blaue Licht in unzählige Lichtpunkte teilt. Die Lichtchen tanzen durch deinen Körper. / Stelle dir nun vor, dass du auf einem blauen Weg stehst. Links von dir geht gerade der Mond auf, es dämmert. / Du gehst den Weg entlang, als du ein Kind siehst. Es kommt dir entgegen. / Stelle dir nun vor, dass auch im Körper des Kindes blaue Lichtchen tanzen. Beobachte, dass das dem Kind sehr gut tut. / Nimm dann das Kind in deine Arme, verabschiede dich und lass es gehen. Winke. / Betrachte dann den Mond und fühle, wie in deinem Körper blaues Licht tanzt. Geniesse es. / Ruhe dich aus und komme langsam zurück.

Die innere Farbe Grün

Lege dich mit geschlossenen Augen auf den Rücken und werde ruhig. / Sieh nun ein grosses grünes Tuch vor dir. Greife dieses Tuch, fühle wie weich, zart und leicht es ist. / Stelle dir vor, dass du dich in dieses Tuch hineinschmiegst. Bedecke dich ganz. Geniesse es und ruhe dich darunter aus. / Stelle dir dann vor, dass du unter dem Tuch hervorkommst und dich in einer weiten Landschaft befindest. Es ist eine Wüste. / Stelle dir nun vor, dass in der Wüste Gras wächst und sieh, wie es plötzlich zu wachsen beginnt. / Stelle dir einige Bäume vor und sieh, wie sie aus dem frischen Gras herauswachsen und ihre grossen Kronen in den Himmel strecken. / Stelle dir vor, dass ein Fluss durch das Gras fliesst und sieh, wie sich die Erde teilt und einen Fluss von blaugrünem Wasser fliessen lässt. / Gehe zum Fluss und wasche dir Füsse, Hände und das Gesicht. / Lege dich dann ins Gras und spüre die Halme auf deiner Haut. / Ruhe dich aus und komme langsam zurück.

Die innere Farbe Rot

Lege dich mit geschlossenen Augen auf den Rücken. Werde ruhig und erspüre deine Füsse. / Stelle dir nun vor, dass rotes Licht durch deine Fusssohlen in den Körper fliesst. Fülle den ganzen Körper mit diesem roten Licht und ruhe dich kurz aus. / Stelle dir nun vor, dass du vor einem Feuer sitzt. Beobachte die Flammen. / Sieh nun, wie der blaue Himmel über dir dunkel wird – es zieht ein Gewitter auf. Du bleibst ruhig und ohne Angst sitzen und beobachtest das Gewitter. / Schwere Regentropfen löschen das Feuer vor dir. / Stelle dir nun vor, dass dein Körper grösser und grösser wird, bis du in den

Himmel ragst. / Die Blitze sind jetzt harmlos und können dir nichts tun. Lasse sie durch deinen Körper gehen. Lasse dich mit ihrem Licht und ihrer Energie aufladen. / Ruhe aus und komme langsam zurück.

Diese Übung sollte nicht nach 17 Uhr gemacht werden!

Die innere Farbe Gelb

Lege dich mit geschlossenen Augen auf den Rücken. Werde ruhig und lausche deinem Herzschlag. / Stelle dir nun vor, du stehst in einem dunklen Raum. / Rechts von dir ist eine Tür erkennbar. Öffne die Tür und sieh einen langen Gang, dessen Wände ein freundliches Gelb haben. In einiger Entfernung hörst du Musik. / Stelle dir vor, dass du diesen Gang entlanggehst. Du kommst zu einem kleinen Platz mit vier Türen. Wähle eine davon, mache sie auf und beobachte, was in dem Raum dahinter geschieht. Beobachte nur und mische dich nicht ein. / Wenn du genug hast, schliesse die Tür. Wenn du Lust hast, öffne noch eine Türe und beobachte das Geschehen in dem dahinterliegenden Raum. / Schliesse die Tür und stelle dir vor, dass du gelbes Licht über deinen Scheitel aufnimmst. Leite es in alle deine Zellen. / Stelle dir nun vor, dass das Licht alle deine Urteile über den Tod auflöst. / Sieh wie deine Zellen klar und strahlend gelbweiss werden. / Ruhe dich aus und komme langsam zurück.

Diese Übung sollte möglichst zwischen 14 und 16 Uhr gemacht werden.

Die Bedeutung von Wärme und Kälte

Nehmt ihr einen Stein in die Hand, so fühlt er sich zunächst immer kalt an. Das kann auch sein, wenn er eine Zeitlang in der Sonne gestanden hat. Steine speichern die Sonnenstrahlung und geben sie nicht direkt wieder ab, so wie dies andere Materialien tun. Da Steine normalerweise nicht dem Sonnenlicht ausgesetzt sind, haben sie eine andere Art, mit dem Licht umzugehen – sie speichern es zur Klärung und Aufladung.
Steine, die im Tageslicht stehen, sind viel ausgeglichener als Steine im Kunstlicht. Dunkle Räume beeinträchtigen sie kaum, weil die Elementarstrahlung durch die Wände hindurchgeht.
Wie schon im Kapitel «Einstimmungen» erwähnt, lieben Steine einen Platz am Fenster. Steinen, die noch in ihrer natürlichen Umgebung, der Erde, ruhen, stehen andere Kräfte und Möglichkeiten zur Verfügung, wenn sie sich klären und reinigen wollen.
Wenn sie von ihrem Ursprungsort entfernt worden sind, benötigen sie zur Klärung Tageslicht. So hilft man ihnen, weiter in ihrem Bewusstsein zu leben.

Habt ihr einen Stein etwas länger in der Hand, mag er warm werden. Dies ist in der Regel das erste Zeichen dafür, dass zwischen Körper und Stein ein sehr, sehr kleiner Dialog zustandegekommen ist. Sozusagen das Beschnuppern.
Ihr könnt aus dem Warmwerden des Steines schliessen, dass er für euch geeignet ist.

Wie kommt nun die Wärme zustande?
Die *innere Farbe* des Steines und die Aura begegnen sich. Die unterschiedlichen Farben müssen harmonieren, beziehungsweise sich ergänzen, bevor eine weitere Wechselwirkung stattfinden kann. Ein Kontakt zwischen Steinstruktur und Körperzellen. Ergänzen sich die beiden vom Bewusstsein, dann wird der Stein warm und die Hand beginnt zu kribbeln. Nur gleiche oder gleichartige Energien können sich gegenseitig verstärken. Die Wärme ist die Summe aus Stein- und Körperbewusstsein in Energie umgewandelt.
Körperbewusstsein bedeutet hier Bedürfnis oder Entwicklungsstufe eines Körpers bis in die einzelnen Zellen hinein. Es hat nichts mit Kniebeugen zu tun.

Wie können sich Stein- und Körperbewusstsein summieren?
Die Steinstruktur schwingt in einer bestimmten Frequenz. Und es ist genauso, wie eure Physiker es beschreiben. Treffen sich Berg und Tal, so verringert sich das Wellenprofil, Berg und Berg summiert sich.

Nun können wir hier nicht darauf eingehen, welches Bewusstsein in welcher Frequenz schwingt. Tatsache ist jedoch, dass die Frequenz mit spiritueller Weiterentwicklung immer mehr steigt. Da sieht das Muster dann nicht mehr so

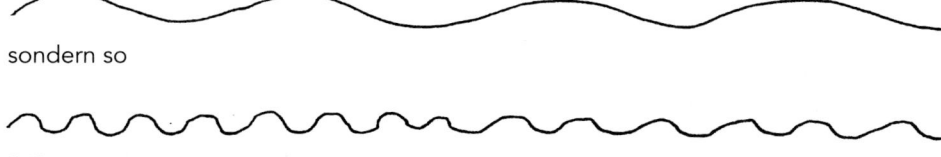

sondern so

aus.

Wärme kommt zustande, wenn die Frequenz stimmt und sich Berge und Täler ergänzen. Dann sind sich Steinstruktur und Zellenbewusstsein ähnlich.
Das bedeutet aber nicht, dass der Stein nun immer warm wird, wenn ihr ihn in die Hand nehmt. Arbeitet ihr auf andere Weise zusammen, so wird dieses Zeichen nicht mehr nötig sein.
Wärme ist immer nur als ein erstes Zeichen des Kontaktes zu verstehen. Oder beim Ausprobieren von Heilwirkungen, dass der Stein auf eine betroffene Stelle einwirken kann.
Seid ihr mit dem Bewusstsein eines Steines verbunden, so muss er auch bei Heilungsaufgaben nicht mehr heiss werden.

Es bedeutet also, dass ihr Steine nicht allein nach Farbe oder Ästhetik bewerten oder aus diesen Gründen kaufen sollt. Es ist empfehlenswert, einen Stein kurz in die Hand zu nehmen und auf die auftretende Wärme oder Kälte zu achten.
Es ist empfehlenswert, bei Schmuckstücken, die Steine enthalten, auch in dieser Weise zu verfahren. Ist der Stein sehr klein, so genügt der kleine Finger, um einen Eindruck zu bekommen. Steine in Ringen und Ketten wirken genauso wie unverarbeitete Steine und ihr könnt unabsichtlich der Wirkung eines Steines ausgesetzt sein, die nicht zur richtigen Zeit kommt.

Was bedeutet Kälte?
Als erstes Resultat eines Kontaktes ist der Stein für euch nicht so geeignet. Probiert es nach einem Monat noch einmal aus. Vielleich hat sich dann etwas verändert.
Die Grundtemperatur eines Steines ist immer kühl. Fühlt er sich von sich aus warm an, solltet ihr ihn reinigen.

Teil 3

Die Anwendung und Bedeutung des Dialoges

Steine und die neue Umwelt des Menschen

Steine sind alt, sie tragen das Bewusstsein einer der vielen Ewigkeiten in sich. Die Umwelt des Menschen und damit auch der Körper des Menschen verändern sich schnell und manchmal auch unmerklich. Jede Zeit hat unerfreuliche Seiten, Entwicklungen und Möglichkeiten in sich. Nichts ist beständig und doch scheinen einige Dinge, die der Mensch in den letzten hundert Jahren entwickelt hat, sehr beständig zu sein. Die Probleme, die durch die sogenannte Umweltverschmutzung und durch unüberlegten Abbau von Erdmaterialien in die Welt gekommen sind, gehen alle Wesen etwas an. Der Mensch kann allerdings am besten in seine eigenen Kreisläufe eingreifen.

Nun – bevor wir uns damit beschäftigen, wie Steine in manchen Umgebungen und Gegebenheiten helfen, ein paar Worte zu allgemeinen Zusammenhängen. Der Mensch weiss nicht und nicht mehr, dass er als Wesen vor sehr, sehr langer Zeit an der Gestaltung der Erde beteiligt war. Die Erde ist ein Wesen, das lebt und ein eigenes Bewusstsein hat, doch hat sich dieses Wesen mit anderen Wesen zusammengetan, um das, was ihr erlebt, zu erschaffen und zu gestalten. Sehr viel Liebe ist in diese Idee des Planeten Erde gesteckt worden. Es gibt hier auf der Erde Kräfte, die niemals sichtbar oder fühlbar sind, wenn ihr euch nicht darum bemüht. Diese Kräfte haben noch immer eine grosse Liebe zum Menschen, denn sie wissen um die Schwierigkeit, mit Möglichkeiten umzugehen. Menschen haben viele Möglichkeiten, mit sich und ihrer Umwelt umzugehen. Wie oft sind Gruppen an der gewählten Möglichkeit gescheitert und haben dadurch auch der Erde Verletzungen zugefügt.

Versucht nun zu verstehen, was ich sage. Es scheint, als wäre das Ende der Erde sehr nahe. Wieviele beschäftigen sich mit Möglichkeiten eines Weltunterganges. Doch ist es wichtig, ob die Erde und alle kommenden Generationen von Wesen dies wollen. Zerstörung und Umweltverschmutzung sind nur zwei von vielen anderen Möglichkeiten. Sie zu wählen, bedeutet, Erfahrungen zu machen. Kein Wesen würde vor einer Erfahrung, gleich welcher Art, zurückschrecken. Sollten euch meine Ausführungen zu märchenhaft scheinen, so denkt doch über den letzten Satz nach. Vieles wird euch klar werden. Steine leiden unter den neuen Methoden des Abbaus. Und doch bleiben sie in ihrem Bewusstsein und können helfen, mit täglichen Schwierigkeiten umzugehen.

Auch für die folgenden Anweisungen gilt:
Der Stein benötigt eine gründliche Reinigung und ein paar Tage Einstimmung. Für eine kurzfristige Arbeit ist kein Dialog notwendig. Wird eine spezielle Arbeit öfter mit einem

Stein durchgeführt, empfiehlt sich die Kontaktaufnahme. Dadurch kann einiges vermieden werden. Doch nun zu unseren Themen:

– Steine und Strahlung
    1. Strahlung von elektrischen Geräten
    2. Strahlung von Bildschirmen
    3. Strahlung, die einen natürlichen Ursprung hat
    4. Strahlung aus Atomarbeit

– Steine und Luftqualität

– Steine und Wasser, zwei Methoden zur Wasserreinigung

– Steine als Schutz gegen «Gedankenverschmutzung»

– Das Steinfeld

Steine und Strahlung

1. Strahlung von elektrischen Geräten

Elektrische Geräte beeinflussen ihre Umgebung. Das beginnt, genau betrachtet, schon bei der Steckdose und der Leitung. Betrachten wir einmal eine Stromleitung. Um sie herum bildet sich ein magnetisches Feld.

Das lernt ihr schon in der Schule.

Nun wollen wir etwas genauer die Elektronen betrachten. Jede Form der Materie besitzt Bewusstsein – so auch Elektronen, Protonen – alle Bausteine der Atome, die Erbauer der molekularen Universen.

Das Feld um ein Elektron sieht ungefähr so aus:

Diese Felder verstärken sich, schwächen sich und bilden eine Kraft, die mit dem magnetischen Feld nur kleine Berührungspunkte hat.

Für die Steinarbeit ist es nun wichtig, dass eine Leitung auch noch folgendes Energiefeld um sich herum hat.

Diese «Zacken» sind bis jetzt noch schwer messbar. In euren nächsten zwanzig Jahren wird sich das ändern. Und doch sind diese «Zacken» spürbar, denn sie stören Schwingungen einer anderen Art.

Jene:

werden dann:

also gestört.

Wer viel Umgang mit elektrischen Geräten hat, wird einen körperlichen Unterschied bemerken, wenn er zwei bis drei Tage den Ort wechselt. Alle Schwingungen im menschlichen Körper werden gestört und, je nachdem, auch verändert. Nun ist es für euch heute sehr schwer, nicht von Geräten umgeben zu sein.

Es gelten folgende Regeln, wenn ihr euch von den «Zacken» reinigen oder schützen wollt: Schutz vor Strahlung elektronischer Geräte geben: dunkler Quarz, Chrysocoll mit vielen schwarzen Flecken, Obsidian und Achate, die in sich vielfarbig sind. Auch ein ganz anderer Stein kann sich bei der Kontaktaufnahme zur Verfügung stellen!
Tragt diese Steine bei Bedarf bei euch, es genügt eine Tasche in der Bekleidung oder streicht am Ende des Tages den Körper mit dem Stein aus.

Es ist wichtig dass die Streichbewegung zum Körperäusseren geht.

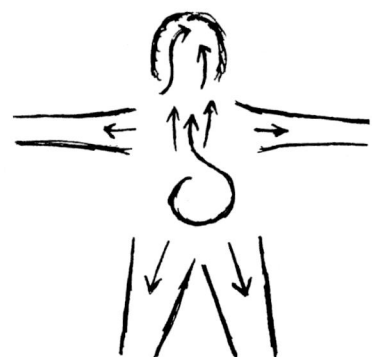

Das Ausstreichen sollte nicht länger als maximal zwanzig Minuten dauern, sonst können andere Wirkungen des Steines spürbar sein. Ein Stein, mit dem der Körper ausgestrichen wurde, sollte am nächsten Tag nicht mitgenommen werden. Er kann bis zum Abend gereinigt werden.

Und noch eine Übung:
Lege dich mit geschlossenen Augen auf den Rücken. Stelle dir vor, dass du in einer Höhle stehst. Die Wände sind erdig, manchmal kannst du Kristalle unterschiedlicher Farbe erkennen. / Obwohl kein Tageslicht in die Höhle kommt, kannst du gut sehen. Weit hinten links schimmert es – du gehst darauf zu. Es ist eine Art Tisch aus einem einzigen orangefarbenen Kristall. Betrachte den Tisch. / Nun ziehe dich aus und lege dich auf den Tisch. Fühle, dass er nicht so hart ist, wie er aussieht. / Bitte ihn nun, dich und deinen Körper zu reinigen und beobachte, was geschieht. / Falls du eine Frage hast, stelle sie und warte. / Wenn dein Körper gereinigt ist, hülle dich in goldenes Licht und ruhe dich aus.

2. Strahlung von Bildschirmen

Strahlung von Bildschirmen ist in ihrem Aufbau etwas komplizierter aufgebaut. Sie ist eindringlicher, sie ist stärker spürbar und der menschliche Körper ist kaum an sie gewöhnt. Es gibt Methoden, die empfehlen, Steine direkt an Bildschirmen zu befestigen oder daneben aufzustellen. Dabei kann ein Stein sehr schnell kaputt gehen. Ihr gesamtes Bewusstsein wird beeinträchtigt und sie verlieren ihre natürlichen Funktionen. Wir wollen in diesem Zusammenhang darauf achten, dass dies nicht geschieht.

Es gibt mehrere Verfahren:
Bei voraussehbarem Umgang mit Bildschirmen: nehmt einen gereinigten Rosenquarz, einen Amethysten oder einen kleinen Aventurin. Legt ihn über Nacht in Wasser, so dass er bedeckt ist und trinkt morgens ein Glas davon.
Dieses Verfahren sollte angewandt werden, wenn Bildschirmarbeit sporadisch ist. Bei täglichem Bildschirmumgang gibt es zwei verschiedene Verfahren:

a) Trage ein kleines Stück Aventurin bei dir. Als Anhänger über dem Herzen. Er sollte auf der Haut liegen. Er sollte nur bei Bildschirmarbeit getragen werden und davor und danach abgelegt werden. Wird er täglich getragen, sollte er jede Nacht in leichtem Salzwasser liegen, mindestens alle drei Nächte. Es kann auch ein Demantoid oder Atacamit genommen werden. Jedoch *nie* Bergkristall.

b) Streiche nach der Arbeit mit einem Beryll oder Milarit über Augen- und Schläfengegend. Von innen nach aussen. Mache das nach jeder Bildschirmarbeit, auch wenn du dich frisch fühlst. Die Steine sollten alle zwei Tage nachts in einem leichten Salzwasser gereinigt werden.

Es gibt noch eine Übung:
Setze dich mit geschlossenen Augen und werde ruhig. / Stelle dir vor, dass du vor deinem Bildschirm sitzt. Versuche, die Strahlung, die von ihm ausgeht, wahrzunehmen. Betrachte sie genau. / Stell dir dann vor, dass du über deinen Scheitel weisses Licht aufnimmst. Umgib dich ganz. / Stelle dir nun vor, dass sich über die Schicht weissen Lichtes eine Schicht rosafarbenes Licht legt. Sieh, wie du von Licht umgeben bist. / Fühle, dass du geborgen bist. / Versuche, die Strahlung des Bildschirmes wahrzunehmen. Wenn du sie deutlich wahrnehmen kannst, lass dich noch einmal von rosa Licht umgeben. / Mache dies, bis die Strahlung nicht mehr erkennbar ist. / Dann ruhe dich aus und komme zurück.

Diese Übung sollte eine Woche lang morgens und abends gemacht werden. So kann sich der Körper daran gewöhnen. Bei konstanter Bildschirmarbeit sollte sie nach der Gewöhnungszeit mindestens alle zwei bis drei Tage gemacht werden.
Allgemein ist zu beachten, dass ihr genügend Wasser zu euch nehmen solltet. Je mehr der Körper Strahlenbelastungen ausgesetzt ist, desto mehr Flüssigkeit braucht er, um die Störung zu verarbeiten.

3. Strahlung natürlichen Ursprungs

Nun zur Strahlung natürlichen Ursprungs. Wir wollen unterscheiden zwischen
– vermehrter kosmischer Strahlung, einschliesslich Folgen des sogenannten Ozonlochs und
– Strahlungen von Wasseradern, Kraftlinien und unterirdischen Kraftknotenpunkten.

Kosmische Strahlung

Diese Art der Strahlung wird die Menschen ein paar lange Jahre beschäftigen. Obwohl die Erde Teil des Kosmos ist, haben ihre Gestalter doch die kosmische Umgebung und eventuelle Einwirkungen nicht geplant. Wir wenden uns zuerst der Sonnenstrahlung zu. Bei einem Aufenthalt in Gegenden, die sehr starkem Sonnenlicht ausgesetzt sind, ist folgendes zu empfehlen: morgens sollte ein bläulicher Opal oder einer der Sonnensteine (siehe dazu die Ausführungen zu den *Steinfamilien*, Kapitel 10) für zwei bis drei Stunden ins Wasser gelegt werden. Ein Glas des Wassers sollte zwischen zwölf und vierzehn Uhr getrunken werden. Bei konstantem Aufenthalt in einer sonnenreichen Umgebung sollte mit einem Sonnenstein als Ratgeber gearbeitet werden.

Dazu noch eine Übung, die abends gemacht werden sollte:
Stelle dich mit geschlossenen Augen und weichen Knien hin. Werde ruhig. / Stelle dir nun vor, dass du von gelb-orangefarbenem Licht umgeben bist. Es ist wie ein Nebel. Entspanne dich und geniesse es. / Sieh nun, wie sich mitten im Lichtnebel eine Kugel bildet. Du erkennst sie als eure Sonne. Betrachte sie. Danke ihr, dass sie für dich da ist./ Frage sie nun, was du tun kannst, um nicht aus Versehen von ihr verletzt zu werden. / Bedanke dich bei ihr. / Sieh nun, wie sich das gelb-orange Licht in weisses Licht verwandelt. Bade darin und spüre, wie gut es dir tut. / Komme langsam wieder zurück. / Bei einer Arbeit mit einem Sonnenstein können auch Informationen über Ozon und Möglichkeiten des Schutzes abgefragt werden.

Strahlung der Erde

Nun wollen wir die Strahlung betrachten, auf der die Menschen unbemerkt gehen und stehen. Schon immer waren die natürlichen Strahlen aus dem Erdboden spürbar. Es gibt einige Netze, Kraftgitter, auf die wir hier nicht eingehen wollen.

Mache zu diesem Thema zunächst folgende Übung:
Stelle dich mit geschlossenen Augen breitbeinig hin und werde ruhig. / Stelle dir nun vor, dass du auf einem Felsenplateau stehst, unter dir das Land mit vielen Wiesen und ein paar Wäldern. / Nimm nun durch die Stirn silbernes Licht auf und fülle damit deinen Kopf. Gib es dann wieder durch deine Augen ab. / Betrachte nun die Landschaft unter dir und sieh, wieviel leuchtende Linien die Erde durchziehen. Betrachte alles ganz genau. / Drehe dich dann um. Hinter dir auf dem Plateau befindet sich ein Knotenpunkt verschiedener Linien. Betrachte ihn und sieh, wie er sich ausweitet. Achte auf die Form. / Nimm nun goldenes Licht durch deine Stirn auf und fülle deinen Kopf. Lasse das Licht dann aus dem Scheitel austreten und hülle deinen ganzen Körper ein. Ruhe dich aus.
Diese Übung sollte nicht mehr als zweimal wöchentlich gemacht werden, denn sie ist wirkungsvoll.

Gibt es nun sogenannte gemessene Linien und Punkte, die stören, weil die Wohnung oder das Haus ungünstig gebaut wurden, empfiehlt sich folgendes:

Bei Wasseradern und ihren Kreuzungen:
nehmt Kontakt mit einem Wasserstein auf und arbeitet direkt mit ihm.

Bei anderen, auch magnetischen Linien:
nehmt Kontakt mit einem Braunit, Magnetit oder Chalcedon auf und arbeitet direkt mit ihm.

Bei Kraftknotenpunkten:
falls ihr spürt, dass in einem Raum etwas nicht stimmt, versucht, diese Stelle zu erspüren. Stellt euch maximal zwei bis drei Minuten auf den vermuteten Ort. Geht es euch gut oder besser, sind keine weiteren Schritte notwendig. Wird euch unheimlich oder ähnliches, stellt einen relativ grossen Amethysten oder einen Amazonit auf diese Stelle. Er kann auch darüber auf einem Möbelstück stehen. Reinigt ihn im ersten Monat jede Woche. Danach alle zwei Wochen.

Kraftknotenpunkte sind oft Tore zu anderen Dimensionen. Sie werden von der Erde selbst hervorgebracht und erfahren Verstärkung durch bestimmte Gesteine, Kraftlinien und Wasserläufe. Diese Stellen sollten mit Respekt betrachtet und behandelt werden.

Die angenehmen Orte werden von euch als *Kraftplatz* bezeichnet. Sie werden über lange Zeit von verschiedenen Menschen betreut und gepflegt. Auch dies können Tore sein.

Orte, die zunächst bedrohlich scheinen, können dies auch sein. Sie sind auf irgendeine Weise verletzt worden oder haben ihre Funktion verloren, so dass sich ihre Kraft von Wesen beeinflussen lässt, die Machtmissbrauch als Erfahrung gewählt haben.

Um einen solchen Ort zu heilen, bedarf es der Führung durch einen Meister, Ratgeber oder Stein. Es sollte *nie* versucht werden, auf eigene Faust zu probieren.

4. Strahlung aus Atomarbeit

Strahlung aus Atomarbeit hat eine besondere Qualität. Sie ist erdhaften Ursprungs und doch von Menschen konzentriert. Dadurch ist sie für eure Körper so gefährlich. Sie dringt in die Zellen und verändert durch chemisch-physikalische Zerlegung der Zellschwingung die Zellordnung.

Macht zu diesem Thema zunächst eine Übung:
Lege dich mit geschlossenen Augen hin und werde ruhig. Nimm durch deinen Scheitel weisses Licht auf und fülle deinen Körper aus. / Lasse es nun durch alle Poren dringen und umgib dich mit einer Lichthülle. Ruhe dich aus und geniesse. / Stelle dir nun vor, dass du dich im Mittelpunkt einer grossen Kugel befindest. Die Kugelhülle ist von einem schönen Blau-Schwarz. / Du stehst auf einer kleinen Plattform und siehst dich um. Über, unter dir und seitlich nimmst du nun kleine Lichtkugeln wahr, die wie Planeten Kreise um dich ziehen. Schau ihnen zu. / Fühle, wie du nun selbst zu Licht wirst. Du befindest dich noch immer in der Kugelmitte. Du bist eine Kugel aus weissem Licht. Erlebe das einen Moment. / Sieh nun auf deiner rechten Seite, direkt neben dir, einen roten Kristall. Und an deiner linken Seite einen schwarzen Kristall. Begrüsse sie. / Frage sie einzeln, ob sie dir sagen können, wie du dich vor atomarer Strahlung schützen kannst. / Bedanke dich für ihre Antworten. Sieh dich als Lichtkugel, die sich ausweitet, bis sich die ganze Kugel um dich herum mit deinem Licht gefüllt hat. / Ruhe dich aus und komme zurück.

Schreibe dir die Antworten auf!

Was könnt ihr nun mit der Steinarbeit bewirken?

Im Falle einer aktuellen radioaktiven Strahlung:
– Legt einen grossen gereinigten Amethysten oder Aquamarin in das Trinkwasser.
– Streicht den Körper mindestens dreimal am Tag mit einem dunklen Turmalin, mit Serpentin oder Alexandrit aus. Verwendet mehrere Steine, so dass immer ein gereinigter Stein zur Verfügung steht.
– Nehmt Kontakt zu einem Feuerstein auf und fragt um Rat. Auch Sonnen- und Sternensteine eignen sich.

Zur Vorbeugung gegen Empfindlichkeit gegen radioaktive Strahlen empfiehlt sich:
– genügend Flüssigkeit,
– einmal im Monat die beschriebene Übung,
– genügend Vitamin C, mindestens ein Gramm pro Tag und alle zwei Wochen eine Woche zwei Gramm Vitamin C pro Tag.

Steine und Luftqualität

Viele von euch leben in einer Umgebung, in der kaum frische Luft vorhanden ist. Die Luft kann dort nur noch wenig oder gar keine heilenden Energien mehr transportieren. Luft ist für euch ein grosses Heilmittel. Die Atmung versorgt eure Körper nicht nur mit dem nötigen Sauerstoff, sondern auch mit kleinen heilenden Partikeln. Es ist unwichtig, ob wir die heilenden Energien der Luft als Partikel, Schwingung oder Strom bezeichnen. Wir wollen sie *Tetra-Partikel* nennen und ich möchte euch erklären, wieso Luft und ihre Qualität so wichtig ist. Im folgenden sind die Darstellungen und Bilder stark vereinfacht und verkürzt.

Ein *Tetra-Partikel* ist eine Art Geschenkpaket heilender Energie. Es hat ein Kraftfeld um sich herum, das in etwa eine pyramidenartige Form hat.

Das Kraftfeld bildet zwischen vielen *Tetra-Partikeln* Kraftlinien, zum Beispiel so:

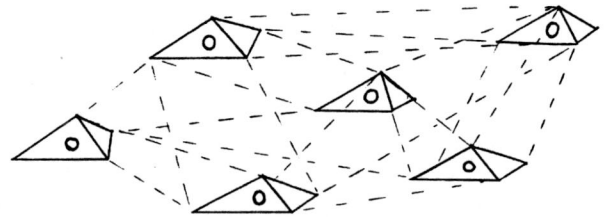

Zwischen diesen Partikeln herrscht ein starkes Kraftfeld, das durch Verschmutzung der Luft zerstört wird. Bei Verschmutzung durch Chemikalien wird nicht nur das Feld, sondern auch jedes Partikel beschädigt oder ganz zerstört. Die Luft ist dann ein reines Gasgemisch ohne heilende Energie.

Steine können die Luftqualität in Räumen verbessern.

Es helfen hierbei Luftsteine, aber auch Dioptas und blauer Sodalith. Stehen die Steine im Raum, sollen sie einmal in der Woche gereinigt werden. Bei den Luftsteinen empfiehlt sich eine Kontaktaufnahme.

Folgende Übung sei bei verschmutzten Räumen empfohlen:
Setze dich mit geschlossenen Augen hin. Werde ruhig. / Hülle dich in grünes Licht und ruhe dich aus. / Stelle dir nun vor, dass du die Luft sehen kannst. Sieh orangefarbene Sauerstoffteile. Es gibt viele verschiedenfarbige Teile. / Du bemerkst, dass auch graue und schwarze Teilchen darunter sind. Beobachte sie. / Sprich diese nun an und bitte sie, sich zu versammeln. Sei freundlich zu ihnen. / Wenn sie sich versammelt haben, umgib sie mit grünem Licht, das du durch deinen Scheitel aufnimmst und durch dein Herz abgibst. Hülle die Teilchen ganz ein. / Frage sie dann, welche Farbe sie benötigen, um ins Licht zu kommen. Gib ihnen auf die gleiche Art diese Farbe. Hülle sie ein. / Stelle dir dann vor, dass du das Fenster öffnest. Der Lichtball mit den Teilchen fliegt hinaus und der Sonne entgegen. Beobachte, wie er verschwindet. / Schliesse nun das Fenster, nimm goldenes Licht über den Scheitel auf und gib es über dein Herz ab. Fülle den ganzen Raum aus. / Ruhe dich aus und komme langsam zurück.

Diese Übung sollte in stark verschmutzten Räumen zweimal im Monat gemacht werden.

Steine und Wasser

Steine und Wasser sind keine Verwandten, nur sehr indirekt, aber in ihrer natürlichen Umgebung leben sie nebeneinander. Wasser schafft sich Wege durch Felsgestein, sickert durch den Boden. Wasser ist den Steinen vertraut. Und so wie Steine durch Wasser gereinigt werden, können sie auch helfen, Wasser zu reinigen.

Der menschliche Körper benötigt viel Wasser. Er benötigt mindestens 1,5 Liter in einer frischen, sauberen Umgebung. 4 Liter und mehr in einer verschmutzten Umgebung. Das Wasser nimmt viele Giftstoffe auf und spült eure Körper durch. Macht euch einmal bewusst, aus wieviel Flüssigkeit ihr zusammengesetzt seid. Danach wird euch ein hoher Flüssigkeitsbedarf nicht mehr ängstigen. Es ist wichtig, dass auch das Wasser sauber ist und Energien transportieren kann. H_2O ist nicht vollwertiges Wasser. Vergleicht Quellwasser mit abgekochtem Wasser. Auch das Wasser führt in sich, ähnlich wie die Luft, kleine Energie-Geschenkpakete mit sich.
Wie können Steine helfen, das tägliche Trinkwasser zu reinigen? Es gibt zwei Methoden.

1. Besorgt euch einen Aquamarin und einen Bergkristall, der nur einendig sein sollte. Beide Steine sollten nicht zu klein und gut gereinigt und eingestimmt sein. Legt nun den Aquamarin für eine Stunde, danach den Bergkristall für anderthalb bis zwei Stunden in cirka zwei Liter Wasser. Keine Glaskannen verwenden, aber Tonkrüge mit Glas abdecken, so dass Tageslicht in das Wasser fallen kann. Nach ungefähr drei Stunden ist das Wasser gereinigt und hat, über längere Zeit getrunken, eine regenerierende Wirkung. *Einmal pro Woche sollten die Steine gereinigt werden.*

2. Dies ist eine aufwendigere Methode. Ihr benötigt einen ungeschliffenen Smaragd. Er muss gut gereinigt und eingestimmt werden. Dann wird er eine Woche lang morgens mindestens eineinviertel Stunden am Körper getragen – am besten in einem Säckchen aus weisser Seide um den Hals. So kann sich der Stein auf euren Körper einstimmen. Nach dieser Woche sollte er für einen Tag in Erde liegen (Blumentopf am Fenster). Ideal ist auch eine Vollmondnacht. Nach einer Reinigung unter fliessendem Wasser kann er täglich drei bis vier Liter Wasser aufbereiten. Er sollte zwei bis fünf Stunden im Wasser liegen. Das Wasser tut allen Zellen sehr gut und steigert die Konzentrationsfähigkeit. Alle zwei Monate muss der Stein wieder gereinigt und eine Woche lang morgens am Körper getragen werden.

Es gibt noch andere Methoden.
Nehmt Kontakt mit einem Wasserstein oder Sternenstein auf und holt euch Ratschläge. Jeder Körper benötigt anderes Wasser und deshalb möchten wir auf allgemeine Methoden verzichten. Die beiden vorgeschlagenen Methoden tun jedem gut.

Steine als Schutz gegen «Gedankenverschmutzung»

Dies ist ein schwieriges Kapitel, denn schon das Wort «Gedankenverschmutzung» kann bei euch eine Flut von Erinnerungen heraufbeschwören. Die hängen mit Machtmissbrauch, Opfer-Sein, Reinheit, Askese und Vorurteilen zusammen. Zunächst wollen wir betrachten, um wessen Gedanken es sich handelt. Es geht hier nicht darum, eure Gedanken zu reinigen, sondern um den Schutz vor fremden Gedanken.

Fast alle Situationen bei euch spielen sich in Gruppen ab oder in Paar-Konstellationen. Ein jeder ist für seine Umgebung geöffnet – in unterschiedlichen Massen. Oder auch: gegenüber unterschiedlichen Dingen.
Wir wollen betrachten, wie ihr euch mit Steinen schützen könnt, wenn ihr schnell die Gedanken anderer aufnehmt, aber nicht wieder abgegeben könnt. Es geht nicht darum, mit Hilfe der Steine Positionen zu festigen oder grösseren Einfluss zu bekommen. Steine können helfen, bei sich zu bleiben und sich durch fremde Gedanken nicht einschränken, verletzen oder sich verlieren zu lassen.

Macht zu diesem Thema zuerst die folgende Übung:
Lege dich mit geschlossenen Augen auf den Rücken. Ziehe die Knie an, stelle die Füsse auf den Boden. Werde ruhig und horche auf deinen Atem. / Stelle dir nun vor, dass grünes Licht durch deine Fussohlen in den Körper dringt. Fülle den ganzen Körper mit Grün. / Frage, ob es eine Botschaft für dich hat. / Lass nun deine Knie zur Seite kippen und stelle dir vor, dass eine Fontäne von grünem Licht durch dein Herz dringt. / Nimm die Knie wieder zusammen. Erzeuge auf diese Art fünf Lichtfontänen durch dein Herz. / Lege nun die Beine hin und stelle dir vor, dass du über deinen Scheitel rosafarbenes Licht aufnimmst. Leite es zu deinem Herzen. / Lass es aus deinem Herzen austreten und hülle damit deinen ganzen Körper ein. Geniesse es und fühle dich zuhause. / Komm langsam wieder zurück.

Diese Übung ist auch an anstrengenden Tagen gut geeignet, um wieder ins ruhende Gleichgewicht zu kommen.

Nun zu den Steinen. Es gibt ein paar Steine, die Schutz gegen eindringende Gedanken bewirken: Citrin, Karneol, Lapislazuli und Jade.

Diese Steine können am Körper getragen werden. Sie sollten jedoch nach der Situation, in der ihr Schutz benötigt, wieder vom Körper genommen und gereinigt werden. Es empfiehlt sich nicht, sie ständig zu tragen. Es empfiehlt sich allgemein nicht, über längere Zeit ununterbrochen Steine am Körper zu tragen, es sei denn, ihr habt einen intensiven Kontakt zu einem Stein. Dem menschlichen Körper muss Zeit gelassen werden, um die Anregungen, die ihm von einem Stein gegeben werden, zu verarbeiten. Zu langes Tragen von Steinen kann Körper überfordern oder sie abstumpfen lassen. Auch langes Tragen von Metall ist nicht empfehlenswert. Körper sollten mindestens eine Nachtruhe haben, um «verdauen» zu können. Es ist gut, einen Ratgeberstein als Schutzstein zu haben und mit ihm zusammenzuarbeiten. Feuer- und Luftsteine eignen sich für diese Aufgabe am wenigsten.

Nun zum letzten Punkt dieses Kapitels, dem

Steinfeld

Es werden in sehr vielen Büchern Beschreibungsversuche gemacht, was passiert, wenn ein Mensch sich in eine Formation von Steinen legt.

Steinfelder wirken auf den gesamten Organismus sowie auf alle Auraschichten des Menschen. Ein Steinfeld lässt sich nicht aufhalten, das heisst, seine Wirkung ist sehr weitreichend.

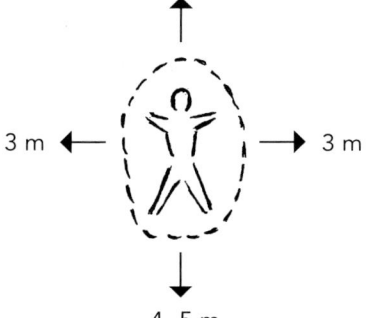

5–10 m

Ein Feld, in dem ein Mensch gerade liegen kann, reicht nach unten 5–12 m nach oben 4–12 m[6]

3 m   3 m

4–5 m

So beeinflussen Steinfelder nicht nur den darinliegenden Menschen, sondern die gesamte nähere Umgebung. Dies ist nicht zu empfehlen. Mit Steinkreisen sollte in eurer Vorstellung gearbeitet werden, aber nicht auf eurer physischen Ebene. So beschränkt sich die Wirkung auf euch und ist auch günstiger, was die Anschaffung betrifft.[7]

(6) Dies ist räumlich zu verstehen: oberhalb der Brust, unterhalb des Rückens; Anm. d. Verf.
(7) ist ganz einfach und direkt als Kostenersparnis zu verstehen; Anm. d. Verf.

Wir wollen nun einige Orientierungen betrachten. Der Arbeitsbeginn ist gleich:
Lege dich mit geschlossenen Augen auf den Rücken. Werde ruhig. / Hülle dich in weisses Licht und ruhe dich kurz aus. / Sieh dich nun auf einem weissen Untergrund liegen. Um dich herum liegt ein *¹-es Steinfeld aus *²-farbigen Steinen. Spüre ihre Kraft und ruhe dich aus. / Komme zurück, wenn du genug hast.

Es variieren die Formen des Steinfeldes und seine Farben:

*¹ oval: zur Reinigung und Belebung
*¹ rund: zum Ruhigwerden
*¹ dreieckig: zum Aufladen
*¹ quadratisch: zum Öffnen der Sinne

*² Grün: stärkend
*² Blau: heilend, lindernd
*² Gelb: erden, ins Leben gehen
*² Rot: Energie bewahren
*² Lila/Rosa: mitfühlend
*² Weiss: durchscheinend machen

Natürlich ist es offensichtlich, dass einige Farben und Formen besonders zusammenpassen. Dies solltet ihr durch Übung herausfinden.

Es gilt noch folgendes:
Versucht nicht, in euren Gedanken jemand anderen in ein Steinfeld zu legen. Die Wirkung könnte gerade angeraten sein, doch greift ihr damit in die Entscheidungsfreiheit eines anderen Wesens ein. Eventuell fällt das auf euch zurück. Schon deshalb sollte mit anderen Menschen nicht mit physisch realen Steinfeldern gearbeitet werden. Ihre Wahl der Steine wird mit eurer Vorliebe zu tun haben.

Der Stein im Alltag

Vieles ist euch auf den vergangenen Seiten über Steine mitgeteilt worden und einiges davon mag euch neu oder fremd erscheinen. Wir wollen uns nun damit beschäftigen, wie die Steinarbeit in den Alltag eingebunden werden kann. Denn sie soll Hilfe und Ergänzung sein und nicht eine weitere Tätigkeit, die ihr in knapper Zeit erledigt.

Zunächst sei folgendes festgestellt: Es gibt ein Zuviel und ein Zuwenig. Tageweise Steinarbeit und dann ein paar Wochen Pause haben für niemanden eine gute Wirkung. Stein und Mensch werden kurzfristig angestrengt und können dann doch ihre Aktivität nicht fortsetzen. Solch ein Vorgehen kann es schwer machen, einen Dialog mit einem Stein zu beginnen.

Regel Nr. 1
Beschäftige dich täglich mindestens zehn Minuten (bis dreissig Minuten) mit einem Stein. Schaffe dir dafür eine feste Uhrzeit. Neugierde ist eine Seite der Motivation, doch sie kann schnell zurückgehen, wenn Erfolge ausbleiben.

Regel Nr. 2
Bei der Steinarbeit geschieht alles zur rechten Zeit. Es gibt für dich keine zeitlichen Vorgaben. Erspüre dein eigenes Tempo. Wenn die Steinarbeit etwas Regelmässiges ist, fehlt meistens ein Mensch, mit dem über die Wunder geredet werden kann.

Regel Nr. 3
Erzähle von der Steinarbeit nicht zuviel. Sie ist empfindlich. Vorurteile und Wertungen von aussen können störend eingreifen.

Doch wollen wir uns jetzt der praktischen und angenehmen Seite der Steinarbeit zuwenden. Steine können Begleiter sein. Sie helfen und klären und sind einfach da. Ruhe und Zentriertheit sind die ersten Dinge, die ihr von ihnen lernen könnt. Dazu zwei Übungen:

Grundübung 1
Stelle dich mit leicht gespreizten Beinen hin, werde ruhig und lasse den Atem fliessen. / Stelle dir vor, dass du auf grossen Kristallen stehst. Schau, welche Farbe sie haben. / Leite diese Farbe von deinen Füssen zum Kopf und gib sie über den Scheitel ab. Fülle den Raum mit Farbe. / Schicke dann einen grossen Strahl hinauf in die Himmel. So lange, bis du das Gefühl hast, dass der ganze Kosmos mit dieser Farbe gefüllt ist. / Ruhe dich aus und komme zurück.

Grundübung 2
Stehe mit breiten Beinen und erhobenen Händen, wie ein X. Werde ruhig. / Stelle dir vor, du bist in einem grossen Kristallstab. Über und unter dir gibt es eine Spitze. Fühle dich in den Kristall ein, werde ein Teil von ihm. / Sieh, wie jetzt durch die obere Spitze göttliche Energie fliesst, durch dich hindurch, hinein in die untere Spitze. Lasse dich mit dem Kristall aufladen. / Beobachte, was in der Erde geschieht. / Nimm deine Arme hinunter und komme langsam zurück.

Macht diese Übungen nicht unmittelbar hintereinander. Gut ist es, eine Woche lang einmal am Tag Nr. 1, in der nächsten Woche einmal am Tag Nr. 2 zu machen. Sammelt erste Erfahrungen.

Als nächstes wollen wir uns einem Punkt zuwenden, der sich mit der Auswahl von Steinen beschäftigt
Habt ihr schon eine kleine Sammlung, wählt euch einen bis zwei aus, reinigt sie, stimmt sie ein und übt dann die Kontaktaufnahmen. Richtet euch bei der Auswahl danach, welcher Stein euch angenehm ist und wie er mit Wärme auf euch reagiert. Vermeidet eure eigenen Vorurteile und Wertungen. Vermeidet auch Ansprüche, die von anderen an euch herangetragen werden (zum Beispiel Chakra-Öffnungen, spezielle Erfahrungen usw.). Richtet euch danach, welcher Stein euch wirklich angenehm ist. Dies gilt auch für den Erwerb von Steinen. Richtet euch nicht nach inneren und äusseren Wertungen. Wenn ihr unsicher seid, geht ohne Stein. Meistens werdet ihr einen Stein sehen und sofort spüren, dass er für euch da ist. Schenkt auch den Menschen, die den Stein an euch verkaufen wollen, Aufmerksamkeit. Wenn sie die Steine «nur» als Ware behandeln, sollten sie euch nicht unangenehm sein. Wie ihr euch erinnert, speichern viele Steine ihre Eindrücke. Von Händlern kann also sehr viel in Steinen hängenbleiben.

Was geschieht nun, wenn ihr nicht wisst, ob es ein Stein ist, ob ihr überhaupt mit einer praktischen Steinarbeit beginnen sollt – kurzum: wenn ihr ausprobieren wollt, ob diese Arbeit etwas für euch ist und den Weg eures Lebens bereichern könnte? Dazu möchte ich drei Programme vorstellen, die jeweils zwei Wochen dauern. Sie ermöglichem erste praktische Arbeit und werden die erste Neugierde stillen. Sie sollten in einer Zeit durchgeführt werden, in der ihr die täglichen Termine einhalten könnt. Ein Abbrechen wird nichts schaden, doch wird euer nächster Anlauf viel schwerer sein. Manchmal gibt es in euch Stimmen, die euch Urteile einflüstern. Ein Abbrechen könnte diese Stimmen verstärken. Und so können sich im Laufe der Zeit Dinge einstellen, die euch von der Steinarbeit abhalten.

Programm Nr. 1 (Morgenprogramm)

– Wähle dir, wie beschrieben, zwei Steine aus. Reinige sie und lasse sie eine Woche lang ruhen.
– Mache in dieser Woche morgens abwechselnd Grundübung 1 und 2.

1. Woche

Sa	So	Mo	Die	Mi	Do	Fr
Ü 1	Ü 1	Ü 2	Ü 3	Ü 2	Ü 3	Ü 3

2. Woche

Sa	So	Mo	Die	Mi	Do	Fr
Ü 2	Ü 4	Ü 3	Ü 4	Ü 4	Ü 5	Ü 5

Alle Übungen werden *vor!* dem Frühstück gemacht. Sie sind kurz, so dass ihr sie alleine machen könnt. Gönnt euch einen ruhigen, warmen Ort.

Wähle dir von den zwei Steinen einen Stein aus. Mit ihm wirst du alle Übungen machen.

Übung 1
Lege dich mit geschlossenen Augen auf den Rücken. Werde ruhig. / Nimm den Stein in die rechte Hand. Beobachte, was geschieht. / Lege den Stein in den Herzbereich. Beobachte, was geschieht. / Nimm den Stein in die linke Hand. Beobachte, was geschieht.

Übung 2
Stelle dich mit gespreizten Beinen und lockeren Knien hin. Lege den Stein vor dich auf den Boden. / Versuche jetzt mit der rechten Hand, wenn du den Arm ausstreckst, zu fühlen, wo der Stein liegt. / Achte auf den Unterschied in der Luft. / Mache das Gleiche mit der linken Hand. / Mache das Gleiche mit aneinandergelegten Händen. Beobachte, was geschieht.

Übung 3
Lege dich mit geschlossenen Augen hin. Lege den Stein an deine Füsse. Versuche, mit deinen Füssen den Stein zu spüren. / Frage den Stein, ob er eine Farbe für dich hat. / Nimm die Farbe auf, leite sie durch deinen Körper und gib sie über das Herz ab. / Frage den Stein, welche Farbe er sich wünscht. Nimm sie durch den Scheitel auf und gib sie ihm über die Fusssohlen. / Ruhe dich aus.

Übung 4
Lege dich mit geschlossenen Augen hin und lege den Stein auf dein drittes Auge. Beobachte, was geschieht.

Übung 5
Lege dich mit geschlossenen Augen hin und nimm den Stein zwischen beide Hände. Schicke ihm Liebe und Vertrauen. / Bitte ihn um eine Botschaft. Es kann ein Wort, ein Bild, ein Klang sein. / Bedanke dich. / Hülle dich in weisses Licht und ruhe dich aus.

Dieses Morgenprogramm ist eher für Menschen geeignet, die ein bisschen mit Steinen zu tun hatten. Anfangende Menschen mögen sich den folgenden Programmen zuwenden.

Programm Nr. 2 (Abendprogramm)

Wähle drei Steine, reinige sie und lasse sie sich eine Woche lang einstimmen. Mache in dieser Woche täglich wechselnd Grundübung 1 und 2. Wähle nach dieser Woche einen Stein aus. Mit ihm wirst du alle Übungen machen. Übungszeit zwischen 18 und 20 Uhr.

1. Woche

Sa	So	Mo	Die	Mi	Do	Fr
Ü 1	Ü 1	Ü 2	Ü 2	Ü 3	Ü 2	Ü 3

2. Woche

Sa	So	Mo	Die	Mi	Do	Fr
Ü 3	Ü 4	Ü 5	Ü 5	Ü 5	Ü 4	Ü 5

Übung 1

Lege den Stein vor dich auf einen Tisch. Betrachte ihn genau, mit Liebe und Respekt. Versuche, dich ganz auf ihn zu konzentrieren. Dauer: 20 – 30 Minuten. Du kannst dir eine Uhr stellen.

Übung 2

Setze dich hin und werde ruhig. / Nimm den Stein zwischen deine Hände und schliesse die Augen. Nimm durch deinen Scheitel weisses Licht auf und gib es über deine Handflächen ab. Beobachte, was geschieht.

Übung 3

Lege dich mit geschlossenen Augen hin und werde ruhig. / Nimm den Stein in die rechte Hand. Schicke ihm durch die Hand Liebe und Respekt. / Nimm ihn dann in deine linke Hand. Warte ab, was passiert. / Hülle dich in weisses Licht und ruhe dich aus.

Übung 4

Lege dich mit geschlossenen Augen hin und werde ruhig. / Lege den Stein zwischen deine Oberschenkel, nahe dem Becken. Spüre ihn und beobachte, was geschieht. / Hülle dich in weisses Licht und ruhe dich aus.

Übung 5

Lege dich mit geschlossenen Augen hin und werde ruhig. / Stelle dir vor, dass von deinen Fussohlen Lichtschnüre in den Fussboden reichen. Sie verbinden dich mit der Erde. Geniesse das. / Nimm nun den Stein und lege ihn auf den Herzbereich. Begrüsse ihn und bitte ihn um eine Botschaft für dich. / Nimm sie an und bedanke dich. / Hülle dich in weisses Licht und ruhe dich aus.

Programm Nr. 3

Ist eine kleine Variation von Nr. 2. Mit einer Woche Abstand dazwischen können sie nacheinander gemacht werden. Dabei kann zwischen den übriggeblieben Steinen ausgewählt werden. Programm Nr. 3 findet in der ersten Woche vor dem Frühstück, in der zweiten Woche zwischen 18 und 20 Uhr statt.

1. Woche

Sa	So	Mo	Die	Mi	Do	Fr
Ü 1	Ü 2	Ü 3	Ü 1	Ü 2	Ü 3	Ü 4

2. Woche

Sa	So	Mo	Die	Mi	Do	Fr
Ü 2	Ü 3	Ü 4	Ü 3	Ü 5	Ü 4	Ü 5

Programm 2 und 3 werden unterschiedliche Ergebnisse bringen, auch wenn der gleiche Stein verwandt wird.Das liegt zum Teil an den Uhrzeiten, aber auch an der Kombination der Übungen. Die Programme können euch einen Vorgeschmack auf Steinarbeit im Alltag geben.

Wie könnt ihr nun mit Steinen umgehen, wenn eine spezielle Arbeit euch zuviel ist?
Reinigung und Einstimmung ist für alle Steine empfehlenswert. Auch für Schmuck-stücke, die Steine enthalten. Der Schmuck sollte getragen werden, wenn ihr das Bedürfnis nach Kontakt mit dem jeweiligen Stein habt.
Schmuck mit Steinen sollte möglichst wenig aus ästhetischen Gründen getragen wer-den! Greift bei solchen Gelegenheiten auf anderes zurück.

Die Steine sollten nicht alle zusammen aufbewahrt werden. Verteilt sie an dem Ort, an dem ihr lebt.

Pflanzen und Tageslicht tun Steinen gut.

Sie werden euch erfreuen, wenn ihr sie liebevoll und mit Respekt behandelt.

Und vielleicht werdet ihr eines Tages Lust entwickeln, euch näher mit ihnen zu beschäf-tigen.

Steinfamilien

Wie schon angekündigt, soll dieses Kapitel andere Verwandschaften zeigen als chemische oder physikalische. Wir haben gesehen, dass jeder Stein eine *innere Farbe* besitzt, die auf eine Aufgabe und einen Bewusstseinszustand hinweist. Die *Familien*-Zugehörigkeit reicht allerdings noch viel weiter. Es gibt Sonnensteine, Mondsteine, Sternensteine, Erd-, Feuer-, Wasser- und Luftsteine und schliesslich noch die Gruppe der *Fünf*.

Beginnen wir mit der letzten Familie

Die Fünf: Zu ihnen gehören Steine, in denen grosse Kräfte wohnen, die nicht spezifisch gebunden sind. Dazu gehören: Diamant, Turmalin, Chrysopras, Alaungestein (Alunit) und Borsilicium (Es gibt bei Borsilicium eine Schwierigkeit – diese Verbindung ist unbekannt und in keinem eurer Lehrbücher vorhanden. Sie zu besorgen, bereitet ebensolche Schwierigkeit wie beim Mondstaub. Es wird einmal einen synthetischen Stein geben, der die Eigenschaften des Borsiliciums hat).[8]

Sonnensteine: Citrin, Topas, Rubin

Mondsteine: grüne Achate, Rosenquarz

Sternensteine: Bergkristall, Amethyst

Erdsteine: Wismutverbindungen, Kupferarten

Feuersteine: Opal, Rubin

Wassersteine: Aquamarin, Smaragd

Luftsteine: Carneol, Saphir, Aventurin

Was bedeuten die Familien?

Der Begriff *Familie* bedeutet keine willkürliche Bezeichnung oder Zusammenfassung von unterschiedlichen Steinen. Steine einer *Familie* haben Ähnlichkeiten in ihrer Wirkungsweise.

Noch einmal wollen wir festhalten: es ist nicht unmöglich, dass ein Stein, dem bestimmte Wirkungen oder eine *innere Farbe* nachgewiesen oder zugesprochen werden, auch ganz andere Wirkungen oder Farben haben kann. Möglich ist, dass jeder Stein jede Aufgabe beginnen kann, wenn ihr einen guten Kontakt mit ihm habt. Vielleicht ist er gut geeignet, vielleicht lehnt er auch ab. Wir wollen mit den *Familien* eine äussere Hilfe

---

(8) Zu Borsilicium: Laut Auskunft eines Diplom-Chemikers gibt es bereits das Borsilicium. Es wird jedoch als Siliciumborid (Tetraborsilicium) bezeichnet und ist Ende der sechziger Jahre lediglich in Versuchsmengen hergestellt worden; Anm. d. Verf.

schaffen. Jede *Familie* hat einen bestimmten Aufgabenbereich. Auch ohne einen grossen vorbereitenden Dialog sind sie für einige Aufgaben offen.

Betrachten wir nun die einzelnen *Familien*.

Sonnensteine

Sonnensteine können dem Körper helfen, sich an das Licht zu erinnern. Jeder von euch Menschen trägt einen strahlenden Kern von Licht in sich, der euch Sicherheit und Geborgenheit gibt. Erleuchtung bedeutet unter anderem, diesen Lichtkern so hell strahlen zu lassen, dass der Körper hell und für seine Umgebung zu einer Art Lichtquelle wird. Doch der erste Schritt ist, diesen Lichtkern zu finden und von all dem, was sich in langen Jahren um ihn herumgelegt hat, zu befreien. Dabei können Sonnensteine helfen.

Dazu eine Übung:
Wähle dir einen Sonnenstein, reinige ihn und gebe ihm eine Woche Ruhe (das gilt für alle folgenden Arbeitsweisen).
Lege dich mit geschlossenen Augen hin und werde ruhig. / Lege den Stein auf deinen Bauchnabel. Fühle ihn nun wie eine kleine milde Sonne und nimm diese Wärme in deinen Bauch auf. Geniesse es. / Nun bitte den Stein um eine Botschaft für dich. Nimm sie an und bedanke dich. / Bitte nun den Stein, alles herauszuziehen, was dein inneres Licht verdunkelt. / Bedanke dich und lege ihn neben dich. Nimm nun über deinen Scheitel goldenes Licht auf und fülle deinen Bauch damit aus. / Fülle ihn und lass einen Teil des goldenen Lichtes als Strahl aus deinem Bauch kommen. / Sieh, wie noch einige Ablagerungen herausgespült werden. / Ist der Strahl sauber, hülle deinen Körper in goldenes Licht und ruhe dich aus.

Mondsteine

Mondsteine helfen, wenn ihr aus dem Gleichgewicht, aus eurem Rhythmus gekommen seid. Sie sind die Bewahrer eines Gezeitenprinzips. Mondsteine mögen das Meer und den Mond, sie sollten bei günstigen Gelegenheiten draussen aufbewahrt werden.

Dazu eine Übung:
Lege dich mit geschlossenen Augen auf den Rücken und werde ruhig. / Lege den Stein auf dein drittes Auge. Sieh ihn als Mond und spüre sein sanftes Leuchten. / Fülle deinen Kopf mit diesem Leuchten aus. Geniesse es. / Frage nun den Stein nach einer Botschaft für dich. Nimm sie an und bedanke dich. / Leite nun das Leuchten des Steines in deinen ganzen Körper. Bade jede einzelne Zelle darin. Geniesse es. / Wenn du genug hast, nimm den Stein herunter und ruhe dich aus.

Diese Übung sollte bei Dunkelheit gemacht werden. Am empfehlenswertesten ist es, sie vier Tage zu machen, dann drei Tage Pause und noch einmal viermal.

Sternensteine

Sternensteine sind kosmische Steine. Sie können euch mit der grössten Umgebung verbinden, die ihr bis jetzt mit einfachen Mitteln wahrnehmen könnt. Ihr wisst, dass ihr ein

Teil des Universums seid – physisch gesprochen. Sternensteine können euch helfen, Kontakt mit einem grossen äusseren Licht aufzunehmen. Es ist das Licht, aus dem der Kern eures inneren Lichtes besteht. Es ist wie ein Stern, eine Sonne – und noch viel heller. Habt ihr mit Sonnensteinen gearbeitet, so empfiehlt sich im Anschluss eine Beschäftigung mit Sternensteinen.

Folgende Übung:
Lege dich auf den Rücken, schliesse die Augen und werde ruhig. / Nimm Kontakt mit deinem Höheren Selbst[9] auf, begrüsse es und verbinde dich mit ihm. / Lege nun den Stein auf dein Herz. Begrüsse ihn. / Stelle dir vor, der Stein sei ein Stern. Fühle sein helles Licht und fülle dein Herz damit. / Bitte ihn um eine Botschaft für dich. Bedanke dich und nimm sie an. / Stelle dir nun vor, dass der Stein durch dein Herz in deinen Körper eindringt. Heisse ihn willkommen und schicke ihn durch deinen Körper. Bitte ihn, jede Zelle mit kosmischem Licht zu füllen. Geniesse es. / Lege nun den Stein weg und ruhe dich aus.

Diese Übung sollte maximal dreimal pro Woche gemacht werden.

Feuersteine
Sie sind für den Bereich des Feuers zuständig. Arbeit mit ihnen erfordert einen Dialog.

Erdsteine
Sie sind für die Belange der Erde zuständig. Sie können bei Problemen mit dem Garten helfen oder bei der Heilung von bestimmten Orten. Arbeit mit ihnen erfordert einen Dialog.

Wassersteine
Sie sind für den Bereich des Wassers zuständig. Arbeit mit ihnen erfordert einen Dialog.

Luftsteine
Sie tragen die Luft in sich. Auch die Arbeit mit ihnen erfordert einen Dialog.

Wie hängen nun die *Geben-und-Nehmen-* oder die *Gedächtnisfunktion,* die *innere Farbe* oder äussere Farbe mit der Zugehörigkeit eines Steines zu einer *Familie* zusammen?
Ich möchte euch das kurz und einfach erklären. Die Funktion und die Familienzugehörigkeit richten sich nach den Bedürfnissen der Erde. Ihr Gleichgewicht muss erhalten bleiben und damit auch die Lebensbedingungen für Wesen aller Art. Funktionen und Familien gleichen aus und erschaffen neue Räume und Strukturen.
Dies alles kommt von der Wirksamkeit von Farben. Es scheint so, als hättet ihr euch entschlossen, Farben am meisten zu benötigen. Farbe ist für euch eine Art Wegweiser, ein Leitfaden.

---

(9) Siehe Kapitel 17 «Das Höhere Selbst der Menschen»; Anm. d. Verf.

Es gibt also unterschiedliche Arten mit Steinen zu arbeiten:
1. Arbeit mittels der Farbe
2. Arbeit mittels der Familienzugehörigkeit.
Diese beiden Arten ergänzen sich sinnvoll und lassen euch den Raum für Entscheidungen. Beginnt mit dem Verfahren, welches euch näher ist. Bald wird es sich dann mischen.

Nun wollen wir uns noch Steinen zuwenden, die ich nicht einer *Familie* zugeordnet habe. Ihr habt es bemerkt, sehr viele Steine scheinen zu keiner *Familie* zu gehören. Doch wisst ihr, dass jeder Stein eine bestimmte Aufgabe übernehmen kann, auch wenn er dafür auf den ersten Blick nicht geeignet scheint. Es kommt auf den Dialog an.

Steinfamilien sind sozusagen eine Ordnung höherer Art. Äussere und *innere Farbe* liessen sich als Ordnung, sagen wir einmal, der ersten und zweiten Art beschreiben.
Es gibt noch mehr Ordnungssysteme, als wir hier betrachtet haben. Es gibt zum Beispiel Aufgaben für einen bestimmten Platz, Heilungsaufgaben für die Erde, Filter für Bäume und vieles mehr.

Ordnungen höherer Art beschäftigen sich mit anderen Dimensionen, Torwegen, anderen Wesen usw.

Teil 4
Der Mensch, der Stein und die Zeit

Kapitel 11

Der Dialog der Zeiten

Viele Menschen machen sich über den Begriff «Zeit» Gedanken. Ihr alle wollt mehr Zeit und begreift nur schlecht, dass sie euch nicht einfach zur Verfügung steht, wenn ihr sie zu brauchen meint. Eure Physiker bezeichnen sie als einen Raum, den ihr nicht wahrnehmen könnt. Und doch würdet ihr merken, wenn diese Zeit euch nicht mehr umgeben würde.

Es gibt für uns einen einfachen Satz:
Alle Dinge, ob vergangen oder zukünftig, passieren gleichzeitig.

Und es gibt noch einen anderen Satz:
Zeit ist nichts anderes als ein Zustand, den jedes Wesen in sich trägt.

Wie passen diese beiden Sätze zusammen ?
Die Existenz eines physischen Körpers wird durch seine Wahrnehmung beeinflusst. Der Körper entscheidet sich für einen Wahrnehmungsausschnitt. Das, was er im Moment wahrnimmt, bedeutet Gegenwart. Alle anderen Wahrnehmungen sind vorüber oder geschehen noch – so entstehen Vergangenheit und Zukunft. Die Wahrnehmung des physischen Körpers lässt es zunächst nicht zu, in den Zustand Zeit einzutauchen. Das könnte die Handlungsfähigkeit beeinträchtigen. Im Zustand Zeit gibt es keine Linearität, keine Ursache-und-Wirkung. Diese Vorstellung mag euch zunächst sehr fremd erscheinen.

So wollen wir dazu eine Übung machen:
Lege dich mit geschlossenen Augen auf den Rücken und werde ruhig. / Hülle dich in weisses Licht und ruhe dich aus. / Stelle dir nun vor, dass du am Eingang einer grossen Schlucht stehst. Du kannst ihr Ende in der Ferne nicht sehen. / Gehe nun in die Schlucht hinein. Die Felswände schimmern silbern. Lehne dich links an einen Felsen und spüre, wie du in ihm versinkst. Es ist sehr angenehm. / Du spürst, wie es ist, Felsen zu sein. Geniesse es. / Bitte nun deine Felsumgebung um eine Botschaft für dich, die dir etwas über Zeit mitteilt. Nimm die Botschaft an und bedanke dich. / Fühle, wie du langsam aus dem Felsen herauswächst und wieder in der Schlucht stehst. / Du stehst nun am anderen Ende, ohne den Weg gegangen zu sein. Dreh dich um und warte ab, was geschieht. / Gehe nun aus der Schlucht hinaus, hülle dich in weisses Licht und ruhe dich aus.

Da es für uns kein Vergangenes oder Zukünftiges gibt, können wir Dialoge zwischen den Zeiten führen. Wir können mit Hilfe der Steine mit Zeit arbeiten.

Der Dialog zwischen Heute und Morgen

Der Mensch ist ein Wesen, das die Zeit linear wahrnimmt. Wird morgens das Schnitzel serviert, so stimmt etwas nicht. Ihr begreift das Leben als eine Reise von Geburt zum Tod. Ihr entwickelt euch, lernt, altert – all das erlebt ihr ständig in eurer Umwelt. Dass ihr mit eurer Gegenwart auch eure Zukunft bestimmt, mag ein liebenswerter Gedanke sein, ist aber nicht verbreitet.

Von meiner Sicht aus ist es noch etwas einfacher: Gegenwart und Zukunft, Heute und Morgen existieren miteinander. Ihr wählt eine Möglichkeit für das Heute und habt dann Morgen die Möglichkeiten, die daraus resultieren. Es geht auch anders, aber dazu später.

Weil ihr euch entschieden habt, nur das Heute zu sehen, könnt ihr die Möglichkeiten des Morgen nur erahnen. Und ihr seht selten, wie Heute und Morgen zusammenhängen. Steine haben zur Zeitwahrnehmung einen anderen Bezug – sie sind zeitlos. Sie sind in ihrem Bewusstsein nicht auf eine einzige Art der Zeitwahrnehmung festgelegt. Obwohl sie mit ihrem Körper nicht von selbst an einen anderen Ort reisen können, können sie sich ungehindert in den verschiedenen Zeiten, in «Der Zeit», frei bewegen.

Sogenannte Zeitreisen finden ohne physischen Körper statt, der durch seine Wahrnehmungsorgane nicht in der Lage ist, eine Zeitreise zu begreifen und wahrzunehmen. Das einzige physische Organ des Menschen, das eine Hilfe ist, ist das Gehirn. Es ist an bestimmte Wahrnehmungsformen gebunden, hat aber noch viel mehr Möglichkeiten, wenn ihr euch darauf einlasst.

Kristallkugeln werden oft verwendet, um in die Zukunft zu sehen. Darum geht es uns zunächst nicht. Diese Arbeit mag spannend erscheinen, doch möchte ich davon abraten, bis ihr eingehend mit Steinen gearbeitet habt. Ihr werdet dann erkennen, wie einseitig und beschränkt die Möglichkeiten mit einer Kugel sind.

Wichtiger ist innerhalb der Arbeit mit Steinen, dass ihr lernen könnt, dass Heute und Morgen tatsächlich unterschiedliche Seiten einer einzigen Zeit sind. Und dass ihr unterschiedliche Seiten gleichzeitig wahrnehmen könnt. Und ihr könnt lernen, die Zeit von aussen zu betrachten und in sie einzutauchen, so dass auch ihr zeitlos werdet.[10]

Das folgende soll erst ausgeführt werden, wenn ein direkter Kontakt mit einem Stein besteht. Diese Arbeit sollte in den späten Nachmittagsstunden gemacht werden. Beginne langsam und geduldig mit einfachen Themen.

Der Dialog:
Nimm eine Handlung, die Konsequenzen hat, die für dich einsichtig und auch überprüfbar sind. Bitte deinen Stein nun, dir bei dem Dialog zwischen Heute und Morgen zu helfen. Stelle dir diese Handlung in allen Einzelheiten vor. Bitte den Stein, die Handlung zu speichern und frage nach den Möglichkeiten, die morgen aus der Handlung entstehen. Geht diese zusammen durch. Nun wähle eine Möglichkeit, die du am meisten wünschst, nicht die, die dir am wahrscheinlichsten erscheint. Gehe diese Möglichkeit noch einmal durch und bitte den Stein, sie zu speichern. Ruhe dich aus und dann handle. Denke nur an deine vorgenommene Handlung. Hülle dich dann in weisses Licht und ruhe dich aus. Halte den Stein entweder in der linken Hand oder zwischen beiden

---

(10) Vergleiche Übung in Kapitel 11; Anm. d. Verf.

Händen. Stelle den Stein nachts unter dein Bett in Kopfhöhe. Bitte ihn vor dem Einschlafen, deine gewählten Möglichkeiten zu manifestieren. Warte dann einfach ab. Nimmst du am vierten Tag deine Möglichkeit noch nicht wahr, frage deinen Stein.

Dies ist keine Übung, sondern eine Arbeitsweise. Sie will mit viel Liebe und Verständnis getan werden. Es werden grosse Kräfte frei, die euch ermöglichen werden, Möglichkeiten für das Morgen zu erschaffen.

Wie ich am Anfang des Lehrganges schon sagte, sollt ihr bewusst sein und die Motivationen müssen klar sein. Es soll dabei niemand zu Schaden kommen. So sollt ihr zunächst nur Möglichkeiten wählen, die mit euch zu tun haben, das heisst, in deren Verwirklichung keine anderen Menschen miteinbezogen sind.
Es ist auch wichtig, dass ihr diese Arbeit zunächst für euch behaltet. Ihr arbeitet an euch und an euren Möglichkeiten. Eure Wahrnehmung der Zeit wird sich verändern. Ihr habt euch dieses Leben gewählt, um zu lernen und Erfahrungen zu machen. Diese Arbeitsweise wird euch die gewählten Erfahrungen nicht «wegnehmen». Vielleicht kommen sie später oder auf eine andere Weise. Diese Arbeit soll euch helfen, einige Erfahrungen zu machen, die euch bereichern und erfreuen. Seid ihr für die nächste Stufe bereit, wird euch das mitgeteilt werden. Von einem Menschen, Stein oder einem von uns.

Am einfachsten ist es, wenn ihr euch einen Stein wählt, mit dem ihr Fragen zur Zeit klären wollt. Am besten eignen sich Steine aus der *Familie der Fünf.*[11]

Viele Dinge, die ich hier beschreibe, sind nur aus eurer Erfahrung heraus verständlich. Der Dialog zwischen Heute und Morgen bedeutet also, Kontakt mit den eigenen Möglichkeiten aufnehmen zu können. Dadurch werdet ihr noch stärker eurer Fähigkeit bewusst, zu einem zeitlosen Wesen zu werden.
Es ist nur gemeinsam mit einem Stein möglich, diese Arbeit im beschriebenen Rahmen zu tun. Denn eure Möglichkeiten befinden sich auf der Erde, die Erde stellt sie bereit. Darum ist es wichtig, mit ihr gemeinsam zu wirken.

(11) Vergleiche die Ausführungen zu den Steinfamilien, Kapitel 10; Anm. d. Verf.

Kapitel 13

Der Dialog zwischen Gestern und Heute

Steine haben so wie die Menschen eine Entwicklung und haben eine besondere Weise, mit ihrem Gestern umzugehen. Für sie existiert keine lineare Zeit und so ist es ihnen möglich, Botschaften aus ihrem Gestern zu empfangen (um es in eurer linearen Sprache auszudrücken). Steine ausgewählter Art ermöglichen, mit dem Gestern Kontakt aufzunehmen, um Informationen zu erhalten. Dabei geht es nicht um eine Veränderung von vergangenen Möglichkeiten, sondern um ein Verstehen. Es ist eine gewissermassen einseitige Arbeit.

Nimm den entsprechenden Stein und setze dich mit ihm in der Hand. Günstig dafür sind die frühen Morgenstunden. Trete mit ihm in Kontakt und frage ihn über Informationen zu einem konkreten Datum. Vermeide vage Ausdrücke, wie «vor ungefähr fünf Jahren». Benutze lieber «von Anfang bis Mitte 1987», besser noch ein ganz konkretes Datum. Bitte den Stein, dir Informationen zu geben, die dich damals nicht erreichen konnten.

Tue dies nicht aus reiner Neugierde. Wissen, das verpasste Möglichkeiten oder nicht erhaltene Informationen betrifft, bringt dich in deiner Entwicklung nicht weiter. Es macht dich für deine Gegenwart unempfänglicher und kann dich beeinträchtigen. Frage, wenn du eine Situation nachträglich klären willst. Oder wenn du Gefühle erforschen willst, mit denen du in deinem Heute Probleme hast.

Um die Informationen unverzerrt zu erhalten, ist es wichtig, dass ihr nicht in die Vergangenheit des Steines geführt werdet. Zeit, in der reinen Form, überlappt sich und es fällt dem linear eingestellten Bewusstsein schwer, das zu erkennen. Reinigt die Steine wie beschrieben und so vermeidet ihr Überschneidungen.

Teil 5
Der Stein in euch

Vermeidbares

Es gibt einige Dinge, die bei Steinarbeit vermeidbar sind. Das sind:

1. *Überanstrengung*
2. *falsche Einstimmung*
3. *unbewusste Motivation*
4. *Machtmissbrauch*

1. Überanstrengung

tritt am ehesten auf, wenn die nötige Übung fehlt. Es ist empfehlenswert, dieses Buch erst einmal zu lesen und dann mit den Übungen zu beginnen.

Übungen zur Einstimmung, zu dem Dialog und den Farben sollten in der beschriebenen Reihenfolge gemacht werden, denn bei dieser Arbeitsweise ist es wichtig, jeden Schritt zu beherrschen. Je grösser das Wissen und die Übung, je kleiner die Anstrengung.

Weiter sollte nicht mit vollem Magen gearbeitet werden. Dies gilt für alle Arbeit im spirituellen Bereich. Ihr benötigt ein gut versorgtes Gehirn. Obstmahlzeiten vor der Arbeit sind nicht so folgenschwer wie Schnitzel mit Kartoffelsalat.

Die Stunden zwischen 11 und 15 Uhr und zwischen 19 und 21 Uhr sind ebenfalls nicht günstig. Aber warum?

Euer Körper hat in diesen Zeiten einen kleinen Tiefpunkt – ihr erlebt es jedenfalls so. Das hängt mit dem Rhythmus eures Körpers zusammen. Zwischen 11 und 15 Uhr bereitet sich der Körper auf eine vermehrte Vedauung vor und leitet sie ein. Die Drüsen, die beteiligt sind, arbeiten und Enzyme werden ausgeschüttet.

Von 19 bis 21 Uhr findet der eigentliche Anfang der Verdauung statt. Und auf der anderen Seite bereitet sich der Körper auf seine Ruhephase vor. Dies zum Körperlichen.

Die sogenannten Uhrzeiten betreffen auch den seelischen Bereich. Die Neigung zur Beschäftigung mit dem eigenen Selbst ist in dieser Zeit recht stark. Es würde sich empfehlen, anstehende Probleme in dieser Zeit zu klären oder sich den Wünschen zu widmen und anderes mehr.

Informationen von anderen Bewusstseinsformen, wie den Steinen, können in dieser Zeit schlechter zu euch gelangen. Dies ist generell so: wenn ihr bemerkt, dass ihr stark mit

euch beschäftigt seid, so verschiebt die Steinarbeit. Sie kann interessant sein, doch kann es passieren, dass wichtige Informationen nicht zu euch durchdringen. Betrachtet aus diesem rhythmischen Zeitaspekt einmal euren Tagesablauf.
Überanstrengung tritt leicht ein, wenn Uhrzeiten und regelmässiges Arbeiten nicht beachtet werden.
Doch könnt ihr euch auch verausgaben, wenn ihr sehr schnell an ein hohes Ziel gelangen wollt. Betrachtet es einmal so: ihr müsst erst einmal einen Weg einschlagen, bevor das Ziel sichtbar wird. Habt ihr es vor euch, bedeutet das nicht, dass es sich nicht verändert. Es sollte so sein, dass der Weg aus vielen einzelnen Zielen besteht und ihr in eurem eigenen Tempo geht. Habt ihr ein Ziel erreicht, habt ihr es fast schon vergessen, denn das nächste liegt vor euch.

Je mehr ihr euch an einen festen Anspruch, an ein «Endziel» klammert, desto mehr könnte auf dem Weg passieren, was euch hemmen und hindern will. Der Vorsatz «Ich will unbedingt ein sehr guter Steinarbeiter werden, damit meine Umgebung merkt, wie wertvoll ich bin», wird nicht weit führen. Dazu mehr beim Thema Motivationen. Geht ihr also entspannt von Ziel zu Ziel in eurem eigenen Tempo, wird selten eine Überanstrengung auftreten. Konzentrationsmangel, Kopfschmerzen, Mattigkeit, Übelkeit, «Hängenbleiben» in anderen Ebenen sind Anzeichen von Überanstrengung. Sobald ihr dies merkt, macht eine Pause von mindestens zwei Tagen. Und zwei bis vier mal die folgende Übung:

Lege dich mit geschlossenen Augen auf den Rücken und werde ruhig. / Stelle dir nun vor, wie aus deinen Fusssohlen Wurzeln in die Erde wachsen. Geniesse einen Moment dein Verwurzeltsein. / Nimm dann durch deinen Scheitel goldenes Licht auf, leite es durch deinen Körper in die Füsse und gib es über die Wurzeln ab. Spüle deinen Körper gründlich durch. / Wenn du genug hast, fülle dich mit goldenem Licht, lasse es durch deine Poren und umgib dich mit einer goldenen Hülle und ruhe dich aus.

Im Falle einer Überanstrengung sollte viel Wasser getrunken werden. Auch ein längerer Schlaf ist angeraten, da sich euer Körper dann automatisch um seine Heilung kümmert.

2. Falsche Einstimmung

passiert oft, wenn ihr es mit einer Arbeit eilig habt und deshalb dem Stein nicht genug Zeit gebt, sich an euch zu gewöhnen.
Ein Wort zu dem Begriff «falsch». Wir wollen diese Wertungen eigentlich vermeiden, denn nichts, was ihr tut oder scheinbar verursacht, geschieht umsonst.

Ich will euch hier darauf aufmerksam machen, dass eine Einstimmung zu kurz sein kann, die Reinigung eines Steines vielleicht nicht ausführlich war.

Auf diese Weise können Dinge an euch herankommen, die in der Vergangenheit des Steines liegen. Sobald ihr dieses bemerkt, sollte er noch einmal gründlich gereinigt werden.
Es kann durch übereilte Einstimmung auch passieren, dass es euch nicht gelingen will, einen Dialog mit dem Stein zu führen. Am Anfang wird es eventuell etwas länger dau-

ern. Doch mit einer ausreichenden Ruhephase wird der Stein sehr viel interessierter sein, mit euch zu arbeiten als mit einer kurzen Ruhephase.

Noch einmal sei auf die Übung verwiesen, die euch zeigt, ob ein Stein im Moment für euch geeignet ist.[12] Vertraut dieser Übung.

Bei wirklichen Notfällen solltet ihr auf Steine zurückgreifen, die schon mit euch vertraut sind. Bittet sie um Mithilfe, auch wenn sie mit einer anderen Aufgabe beschäftigt sind. Ihr werdet jedoch feststellen, sobald ihr euch mit Steinen beschäftigt, dass sich die Glücksfälle häufen und das Wort Notfall bald ganz aus eurem Wortschatz verschwindet.

3. Unbewusste Motivationen

sollten vor jeder Arbeit aufgespürt werden. Sie können viel zunichte machen, wenn sie im Arbeitsprozess hervorbrechen.
Wie aber können sogenannte unbewusste Motivationen aussehen?
Du hast nun dieses Buch fast durchgelesen. Frage dich jetzt, *im Moment*, warum du gerade mit der Steinarbeit beginnen möchtest? Sei ehrlich mit dir. Frage dich, warum du nicht beginnen möchtest. Angst oder Verwunderung sind Gefühlszustände, die zu einem Arbeitbeginn animieren sollten.
Betrachte die äusseren Umstände wie Familie, Partner, Freunde und die inneren Umstände: Neugierde, Machtinteresse, Selbstwertgefühl und anderes. Vielleicht schreibst du dir eine Liste.

Du solltest diese Arbeit auf alle Fälle beginnen (mit einem Testprogramm), wenn du
– neugierig bist,
– dein Bewusstsein erweitern willst,
– du dich gerne mit Steinen umgibst,
– es keine Gründe dagegen gibt,
– oder Steine dir unheimlich oder gleichgültig sind. Sie sind weder das eine noch das andere und du kannst vieles von ihnen lernen.

Solltest du Motivationen finden, die sich mit der Heilung eines anderen Menschen beschäftigen oder mit deiner Umgebung im Hinblick auf deine Position – verschiebe die Arbeit.

Diese Arbeit hat zunächst nur mit dir alleine zu tun!

Es ist schön, wenn du einen Menschen finden kannst, mit dem du gemeinsam die Übungen machen und über Erfahrungen reden kannst. Doch seid ihr beide Lernende, die sich zusammengetan haben, ihr habt die gleiche Position. So hat diese Arbeit nur mit dem Einzelnen zu tun. Die weiteren Schritte, wenn es an der Zeit sein sollte, mit deiner Arbeit «hinauszugehen», wirst du von den Steinen erfahren.

(12) Vergleiche Kapitel 5; Anm. d. Verf.

4. Machtmissbrauch

ist eines der Themen, die immer mit spiritueller Arbeit verknüpft sind. Denkt über eure Motivation nach und habt Vertrauen in eure Liebe. Liebe, die nicht festhält, und Macht, die frei macht, werden selten zu Machtmissbrauch führen.

Macht ist ein Wort, das sehr leicht missverstanden werden kann. Wir wollen hier Macht im Sinne von Fähigkeiten verstehen. Die Fähigkeiten, die ihr euch erwerbt und erworben habt, sollen euch nicht einengen, sondern neue Rätsel, Wunder und Wege zeigen. Eure Fähigkeiten sollen auch kein anderes Wesen in seinem Lebensweg einschränken. Eure Fähigkeiten sollt ihr so nutzen, um anderen Wesen eine Idee ihrer selbst zu geben und sie anzuregen. Versucht zunächst, euch selber anzuregen und neugierig zu sein. Diese Lebenshaltung wird andere anregen.

Missionarischer Eifer ist eine Fähigkeit, die selten andere anregt. Steine sind bescheiden, seid ihr das auch.

Jeder von euch Menschen hat viele verschiedene Leben hinter sich. Ihr habt sie gewählt, um Erfahrungen zu machen, um zu lernen. Da nur eure Körper «sterblich» sind, scheut eure Seele keine Erfahrung.
Viele Erfahrungen sind mit Machtmissbrauch verbunden. Mit Manipulation, Kampf, Krieg, mit physischen und psychischen Folterungen, die ihr als Opfer und Täter erlebt habt. Opfer und Täter gehören zusammen, keines kann ohne seinen Gegenpart leben. Vielleicht habt ihr für dieses Leben auch eine Opfer- oder Täterrolle gewählt. Falls ihr das Gefühl habt – betrachtet einmal euren Gegenpol. Vielleicht wollt ihr dieses Spiel nicht mehr mitspielen. *Sternensteine* oder Steine aus der *Familie der Fünf* können bei der Arbeit an Opfer- und Täterrollen behilflich sein.

Noch einmal zu Steinarbeit und Machtmissbrauch:

Diese Arbeit hat nur mit euch zu tun. Versucht nicht, andere Wesen in Steinfelder und ähnliches zu zwingen. Dies kann Folgen für euch haben.

Der Stein in euch

Es gibt etwas in euch, das wir im folgenden als *Stein in euch* bezeichnen wollen. Durch Steinarbeit könnt ihr lernen, euch in eurem Körper zu zentrieren und jede Zelle mit Wachheit und Klarheit zu füllen.

Euer Körper ist Mittel und Reisegefährte für eure Entdeckungsreise auf der Erde. Viele Erfahrungen würden unmöglich werden, würdet ihr euch in ein körperloses Wesen verwandeln.

Ihr wisst zum Teil, dass ihr auf euren Körper achten sollt. Er ist kostbar und von euch erwählt. Jeder Körper bietet spezielle Möglichkeiten, die dem darin wohnenden Wesen besondere Erfahrungen zugänglich machen. Kein Körper ist hässlich. Jeder Körper ist für sich vollkommen und schön.

Wir wollen nun einen Zustand betrachten, der nicht mehr körperlich ist, aber auch noch nicht «seelisch» (um es einmal einfach auszudrücken). Dieser Zustand ist eine Art Brücke, ein Tor in eine andere Dimension in euch. Ich nenne diesen Zustand *der Stein in euch* oder *der innere Stein*. Er ist nicht mit dem Höheren Selbst zu verwechseln, auf das wir auch noch kurz eingehen werden.[13]

Der *innere Stein* ist eine Instanz in euch, die mit der Erde, den Jahreszeiten, den mineralischen Vorgängen beschäftigt ist.

Der *innere Stein* erkennt die Umwelt, in der ihr euch bewegt, mit ihren Erdlinien und -kräften. Viele von euch reagieren auf diese Wahrnehmungen, ohne es zu wissen. So sitzt ihr zum Beispiel gerne auf einem bestimmten Stuhl – schon das ist ein Zeichen für eine feinere Wahrnehmung.

Der *Stein in euch* weiss über eure Verbindung zur Erde Bescheid und erzählt davon. Durch gleichmässige Steinarbeit wird dieser Zustand nach und nach erweckt, bis ihr euch ganz bewusst und natürlich in ihm bewegen könnt. Wir wollen jedoch den *inneren Stein* auch aus einer anderen Perspektive betrachten.

Macht folgende Übung, wenn ihr Erfahrungen mit den Grundübungen 1 und 2 gesammelt habt.
Lege dich mit geschlossenen Augen auf den Rücken und werde ruhig. / Umgib dich mit weissem Licht und ruhe dich aus. / Stelle dir nun vor, dass du auf der Spitze eines Berges stehst. Lasse deinen Blick in alle Richtungen schweifen. / Sieh nun seitlich von dir einen Eingang mit gehauenen Stufen, der in den Berg hineinführt. Steige die Stufen hinab. / Nach einer Weile kommst du in eine kleine Höhle. Dort sitzt ein Wesen. / Bitte das Wesen darum, dir eine Botschaft für den weiteren Weg zu geben. / Nimm sie an, bedanke dich und gehe weiter in den Berg hinein. / Nach einer Weile kommst du zu einer grossen Höhle. Dort sitzt ein Wesen, umhüllt von hellem Licht. / Bitte das Wesen darum, dir eine Botschaft für den weiteren Weg zu geben. / Nimm sie an, bedanke dich und gehe weiter in den Berg hinein. / Bald kommst du in eine sehr grosse Höhle, an den Wänden funkeln Tausende von Kristallen. In der Mitte steht ein grosser Stein. Betrachte seine Form und seine Farbe. / Gehe langsam näher und frage ihn, was du tun musst, um mit ihm zu verschmelzen. Tue das. / Gehe dann in den Stein. Verschmelze

---

(13) Siehe Kapitel 17; Anm. d. Verf.

dich mit ihm. Jede Zelle deines Körpers wird mit der Kraft und dem Glanz des Steines gefüllt. Geniesse es und ruhe dich aus. / Komme langsam zurück.

Der *innere Stein* schlummert in euch wie eine lange beiseite gelegte Erinnerung. Durch diese Übung könnt ihr die Erinnerung wieder lebendig werden lassen. Dies wird eine andere Zentrierung eures Körpers bewirken, die Angst vor dem Tod wird schwinden und ihr werdet euch wieder in den Rhythmus der Erde einfügen können.

Geeignete Steine für die Arbeit an dem *Stein in euch* sind Magnetit, Lapislazuli, Aventurin und Hämatit. Diese Steine können euch leiten.
Günstige Jahreszeiten für diese Arbeit sind Dezember bis Januar und einen Monat um die Sommersonnenwende herum. Befragt die entsprechenden Steine.

Noch ein Wort zum Ausklang dieses Kapitels

Viele verschiedene Instanzen oder Zustände oder Dimensionen (wie man sie auch nennen mag) wohnen in euch, besser: sind eure ureigenen Bestandteile. Steinarbeit kann ihren Teil dazu beitragen, euch manch andere Dimensionen innerhalb und ausserhalb eurer normalen Wahrnehmung zu zeigen. Es gibt viele unterschiedliche Arbeitsweisen. Jedes Wesen sucht sich das, was am besten zu ihm passt.
So sollt ihr niemals ein schlechtes Gefühl haben, wenn euch eine Arbeit nicht behagt, obwohl ihr meint, sie unbedingt tun zu müssen. Verschiebt sie und wartet ab. Tut das, wobei euch am wohlsten ist.

Denn alles, was ihr tut, tut ihr in erster Linie für euch. Das sollte euch oft bewusst sein. So können auch Dinge, die aus Versehen mit Routine getan werden, eine andere Bedeutung bekommen.

Teil 6
Übungen verschiedener Art

Kapitel 16

Vorbemerkungen grundsätzlicher Art zu den Übungen

Bevor wir uns den Übungen zuwenden, will ich noch einige wichtige Bemerkungen zum Vorgehen machen.

- *Lies die Übung gründlich durch. Wenn sie lang und ausführlich ist, sprich sie auf eine Cassette. Oder bitte einen anderen Menschen, sie dir vorzulesen.*

- *Mache die Übungen in einer Zeit, die keine andere Beschäftigung von dir fordert.*

- *Setze dich nicht unter Zeitdruck.*

- *Wähle einen ruhigen Raum und mache es dir bequem.*

- *Es sollte nicht mehr als eine Übung pro Tag gemacht werden. In anderen Fällen wird ausdrücklich darauf hingewiesen.*

- *Lies das Kapitel «Vermeidbares» noch einmal gründlich.*

- *Bleibe realistisch und habe Spass mit den Übungen. Sie sind kein Muss!*

- *Arbeite mit dem Kapitel «Höheres Selbst», bevor du an die Übungen mit Steinen gehst.*

- *Du solltest mindestens ein Testprogramm gemacht haben.*

- *Die Übungen sind Ergänzungen zu den Kapiteln.*

Kapitel 17

Das Höhere Selbst der Menschen

Dieser Name mag euch bekannt vorkommen oder schon geläufig sein.

Das *Höhere Selbst* ist ein Teil von euch, der nicht den Körper bewohnt, jedoch mit ihm und euch verbunden ist. Es ist eure Verbindung mit dem Ursprung eures Wesens, eure Verbindung zum Licht.

Das *Höhere Selbst* ist ein Begleiter, den ihr um Rat fragen könnt. Es weiss die Antworten auf alle eure Fragen. Doch kommt es nicht von selber. Ihr müsst euer Interesse zeigen und es einladen.

Wenn sich der Mensch mit seinem *Höheren Selbst* verbindet, erfährt er Schutz und Liebe, er ist wieder mit seinen uralten Erinnerungen verbunden.

Wichtig ist, dass das *Höhere Selbst* euch die Entscheidung überlässt. Es richtet nicht und lebt nicht für euch euer Leben. Es ist euer eigener persönlicher Begleiter – ihr begleitet euch selbst.
Den Kontakt mit dem *Höheren Selbst* wollen wir nun üben.

Mache folgende Übung einmal im Tag, sieben bis vierzehn Tage. Vertraue deinen ersten Eindrücken, die du erhältst.

Lege dich mit geschlossenen Augen auf den Rücken und werde ruhig. / Hülle dich in weisses Licht und ruhe dich aus. / Bitte nun dein Höheres Selbst, für dich eine Form anzunehmen. / Frage es dann, ob es eine Botschaft für dich hat. Nimm sie an und bedanke dich. / Frage nun, ob du dem Höheren Selbst ein Geschenk machen darfst. Frage es, was es sich wünscht und gib ihm das Geschenk. / Bitte nun das Höhere Selbst, mit dir zu verschmelzen. Beachte, an welcher Stelle es in deinen Körper eintaucht. / Fülle jede Zelle deines Körpers mit deinem Höheren Selbst. / Geniesse es und ruhe dich aus. / Komme langsam wieder zurück.

Das *Höhere Selbst* wechselt seine Form. Vertraue dem ersten Bild und sei es eine halbleere Kaffeetasse.

Übungen

Die Übungen unterteilen sich in zwei Arten
– allgemeine Übungen ohne Stein
– allgemeine Übungen mit speziellen Steinen.

Zuvor wollen wir jeweils betrachten, wozu die Übung geeignet ist.*

Übungen ohne Stein

Nr. 1*
Diese Übung dient dazu, den Körper für Steine offener zu machen. Sie ist für Beginner der Steinarbeit hilfreich.

Lege dich mit geschlossenen Augen auf den Rücken und werde ruhig. / Stelle dir nun vor, dass du auf einem grossen grünen Kristall stehst. Beobachte, wie sich deine Füsse und Beine anfühlen. / Stelle dir dann vor, du hältst in der linken Hand einen orangefarbenen Stein und in der rechten Hand einen dunkelroten Stein. Vergleiche die Empfindungen in deinen Händen. / Lege die Steine aus den Händen und stelle dir vor, dass du dich auf den grünen Kristall legst. / Wechsle die Seiten und beobachte deine Empfindungen. / Stehe auf und drehe dich um. Vor dir steht plötzlich ein alter freundlicher Mann. Bitte ihn um eine Botschaft für dich. Nimm sie an und bedanke dich. / Leite die Botschaft durch deinen Körper. / Komme langsam wieder zurück.

Nr. 2
ist als vorbereitende Übung geeignet, ruhig zu werden und den Körper zu reinigen.

Lege dich mit geschlossenen Augen auf den Rücken und werde ruhig. / Stelle dir nun über deinem Kopf ein helles weisses Licht vor. Nimm dieses weisse Licht über deinen Scheitel auf und fülle deinen gesamten Körper damit. / Stelle dir dann vor, dass an deinen Fussohlen ein grosser Bergkristall liegt. An deinem Scheitel liegt ein grosser Amethyst. / Fühle nun, wie sie beide Licht aussenden, das du aufnimmst. Sieh, wie sich klares Licht und violettes Licht in deinem Bauch mischen. / Gib dieses Licht durch den Bauch ab und sieh, wie kleine Schmutzteilchen aus dir hinausgeschwemmt werden. Nimm solange Licht auf und gib es über deinen Bauch ab, bis das Licht klar ist. / Hülle dann deinen Körper mit dem Licht ein und ruhe dich in dieser schützenden Hülle aus. / Komme langsam zurück.

Nr. 3*
Diese Übung regt die Wahrnehmung unterschiedlicher Dimensionen an.

Lege dich auf den Rücken und schliesse die Augen. Werde ruhig. / Stelle dir nun vor, dass du auf dem Boden einer durchsichtigen Pyramide stehst. Betrachte draussen die Landschaft und den Himmel. / Sieh nun, wie die Pyramidenwände farbig werden.

(*) Mit einem Stern gekennzeichnete Übungen sind auf der CD «Reisen in steinerne Welten», Martina Bochnik, Kristallverlag Schaufelberger erhältlich; Anm. d. Verf.

Betrachte und geniesse dies. / Lege dich nun auf den Boden. Lege dich so, dass die Spitze über deinem Kopf ist. / Stelle dir nun vor, dass es Nacht geworden ist. Betrachte die Sterne und sieh, dass der Mond genau über deinem Kopf steht. Sieh, wie sein Licht gebündelt wird und lasse es durch deinen Scheitel eindringen. Fülle deinen Körper mit Mondlicht. / Drehe dich nun auf den Bauch und stelle dir vor, dass du in die Erde unter der Pyramide blicken kannst. Betrachte die Erde. / Lege dich nun wieder auf den Rücken und sieh die Morgendämmerung. / Ruhe dich aus und komme langsam wieder zurück.

Nr. 4
Das Wachsen der Steine

Lege dich mit geschlossenen Augen auf den Rücken und werde ruhig. / Stelle dir vor, du sitzt auf felsigem Untergrund. Vor dir steht ein kleiner Kristall, betrachte ihn genau. / Bitte nun den Kristall, dir zu zeigen, wie er wächst. Warte ab, was passiert und beobachte dies. / Komme dann langsam wieder zurück.

Hast du die Übung ein paar Mal gemacht, kannst du den Stein über Wachstumsprozesse allgemeiner Art befragen.

Nr. 5
Die Übung dient dazu, unterschiedliche Steine anzunehmen und Unterschiede in der Praxis leichter erkennen zu lernen.

Lege dich mit geschlossenen Augen auf den Rücken und werde ruhig. / Hülle dich in weisses Licht und ruhe dich aus. / Stelle dir nun vor, dass du in einem hellen Raum sitzt. Auf einem Tisch vor dir liegen Steine – ein gelber, ein roter, ein grüner, ein blauer, ein violetter und ein durchsichtiger Stein. / Nimm zuerst den blauen Stein in die Hand, betrachte ihn und erspüre ihn. / Tue dies dann mit dem roten / dem gelben / dem grünen / dem violetten / und dem durchsichtigen Stein. / Suche dir nun den Stein aus, der dir am besten gefällt. / Stelle dir vor, dass du dich hinlegst und diesen Stein auf dein Herz legst. Lasse ihn wirken. / Nimm ihn dann weg und ruhe dich einen Moment aus. / Komme langsam zurück.

Diese Übung sollte abends gemacht werden.

Nr. 6*
eignet sich, um zu erspüren, was die Menschen Natur nennen.

Lege dich mit geschlossenen Augen auf den Rücken und werde ruhig. / Stelle dir nun vor, dass du dich in der Wüste befindest. Es ist sehr warm. Betrachte deine Umgebung genau. / Setze dich in Bewegung. Bald kommst du in eine Steppenlandschaft, in der ein böiger Wind weht. Lasse diese Umgebung auf dich wirken. / Plötzlich hörst du Wasserrauschen – du gehst dem Geräusch nach und kommst zu einem kleinen, schnell fliessenden Bach. Trinke und ruhe dich am Ufer aus. Betrachte diese Umgebung. / Gehe nun ein Stück am Ufer entlang – du stellst plötzlich fest, dass du dich in einem weiten, waldigen Tal befindest. Betrachte die vielen unterschiedlichen Bäume. / Gehe vom Bach weg in den Wald hinein. Du kommst auf eine Lichtung, auf der ein Mammutbaum steht. Betrachte ihn. / Lehne dich gegen ihn, schliesse die Augen und ruhe dich kurz aus. / Wenn du die Augen öffnest, befindest du dich in den Bergen. Betrachte deine Umgebung. / Rechts von dir öffnet sich eine Schlucht – gehe hinein und betrachte alles aufmerksam. / Sieh, dass links von dir der Eingang zu einer Höhle liegt. Gehe hinein. / Du kommst zu einem Raum voller Kristalle. Setze dich dorthin und betrachte deine Umgebung. / Sieh, wie ein Gang abzweigt, an dessen Ende Licht schimmert. Gehe diesen Gang entlang. Tritt ins Licht und siehe – du bist wieder in der Wüste. Lege dich einen Moment in den Sand. / Spüre nun, dass du beobachtet wirst. Rechts von dir sitzt eine kleine Eidechse. / Begrüsse sie und bitte sie um eine Botschaft für dich. Was kannst du in nächster Zeit für die Natur tun? / Nimm die Botschaft an, bedanke dich und ruhe dich aus. / Komme dann langsam zurück.

Nr. 7*
dient dazu, dem Körper insgesamt Zugang zu Steinen zu ermöglichen.

Lege dich mit geschlossenen Augen auf den Rücken und werde ruhig. / Hülle dich in weisses Licht und ruhe dich kurz aus. / Stelle dir nun vor, dass du auf einem grossen Kristall liegst. Welche Farbe hat er? / Spüre nun deine Beine, wie nehmen sie den Kristall wahr? / Spüre dann deine Arme und deinen Kopf, wie nehmen sie den Kristall wahr? / Stelle dir nun vor, dass du dich auf den Bauch drehst. Gehe wieder deinen ganzen Körper mit seiner Wahrnehmung durch. / Ruhe danach einen Moment aus. / Frage nun deinen Körper, welchen Stein er sich wünscht, um ins Gleichgewicht zu kommen. / Stelle dir vor, dass du auf diesem Stein liegst. Geniesse es und ruhe dich aus. / Komme langsam wieder zurück.

Nr. 8
Diese Übung hat auf den ersten Blick nichts mit Steinen zu tun. Sie ist angeraten, wenn du dich unwohl fühlst, bei schlechter Laune oder bei allgemeiner «Miesigkeit».

Lege dich mit geschlossenen Augen auf den Rücken und werde ruhig. / Stelle dir nun vor, dass du mitten in einer grünen Wiese liegst. Ruhe dich einen Moment aus. / Stehe nun auf und sieh ganz in deiner Nähe einen klaren blauen See. Gehe zum See und nimm ein Bad. / Wenn du genug hast, schwimme an das gegenüberliegende Ufer. Dort liegen weisse weite Kleidungsstücke für dich bereit. Ziehe sie an. / Sieh, dass auf einem Felsen ein Glas mit einer purpurfarbenen Flüssigkeit steht. Trinke sie und geniesse ihren fruchtigen Geschmack. / Links von dir siehst du ein kleines Wäldchen. Gehe darauf zu. Vor dem Wäldchen sitzt ein Wesen auf einem Felsen und spielt Flöte. / Frage es, ob du zuhören darfst. Lege dich hin und geniesse die Musik. Ruhe dich aus. / Komme langsam wieder zurück.

Nr. 9
ist eine Übung in wachem Zustand. Sie kann des öfteren zwischendurch gemacht werden.

Setze dich und werde ruhig. / Halte nun deine Hände vor dich, Handflächen zueinander, Abstand der Schultern. / Führe nun die Hände immer weiter zusammen und achte auf die Empfindungen in deinen Handflächen.

Nach einer Weile des Übens kannst du die Energiefelder deines Körpers erspüren. Versuche dann auch mit einer Hand deine Beine, den Bauch, das Gesicht, die Brust und den Kopf zu erspüren. Danach versuche es auch mit Pflanzen und Steinen.

Nr. 10
ist eine kurze aber wirkungsvolle Übung für die Abendstunden. Sie verhilft zu einem ausgeglichenen Schlaf.

Lege dich ins Bett und schliesse die Augen. Umhülle dich mit blauem Licht. / Sieh nun in sehr grosser Distanz ein schönes helles Licht, das dich anzieht. Beginne, auf dieses Licht zuzugehen oder zu schweben. / Falls du das Licht noch erreichen solltest, bevor du eingeschlafen bist: Gehe in das Licht hinein und ruhe dich aus. / Wenn dort etwas für dich geschehen soll, so wird es geschehen.

Übungen mit Steinen

Zuvor eine kleine Übersicht, welche Steine die Übungen betreffen.

1. Amethyst	2. Carneol	3. Saphir	4. Bergkristall
5. Borax	6. Alunit	7. Magnetit	8. Rosenquarz
9. Moosachat	10. Obsidian	11. Türkis	12. Jade
13. Malachit	14. Siderit	15. Rutil	

Diese Steine sind ausgewählt, da sie sich für die allgemeine Einübung spezieller Wirkungen oder Arbeitsweisen eignen. Alle Steine, mit denen Übungen gemacht werden, sollten gut gereinigt sein und eine Ruhephase von mindestens einer Woche haben.

Amethyst
Streiche mit dem Stein sowohl beide Handflächen als auch die Handoberseiten aus. Beobachte deine Empfindung. / Streiche dann die Schultern nach aussen aus und beobachte dein Empfindung. / Nimm nun den Stein zwischen deine Hände. Bitte ihn nun darum, Verspannungen oder Unbehagen in deinem Körper zu beseitigen. / Lasse es zu und geniesse es.
Bedanke dich bei dem Stein und reinige ihn über Nacht.

Carneol
Setze dich hin und lege den Stein vor dich auf den Boden. / Fahre nun mit den blossen Fussohlen über den Stein und versuche, ihn zu erspüren. / Stelle dir vor, dass dir der Stein orangefarbene Energie schickt. / Nimm sie mit den Füssen auf und leite sie ins Becken. Fülle Bauch und Becken. / Lege dich nun hin, lege dir den Stein auf den unteren Bauchbereich. / Gib die Energie wieder an ihn ab und stelle dir vor, dass von ihm ein Lichtstrahl in den Himmel geht. / Nimm den Stein nun in die rechte Hand und bitte ihn, dich mit göttlicher Lebensenergie zu füllen. / Nimm ihn in die linke Hand und lasse es geschehen. / Geniesse es und ruhe dich dann aus.
Reinige den Stein über Nacht.

Saphir

Nimm den Stein in die rechte Hand und lege dich mit geschlossenen Augen auf den Rücken. Werde ruhig. / Bitte nun den Stein, dir Bilder von Wasser und Luft zu zeigen. Nimm den Stein in die linke Hand und erwarte die Bilder. / Nimm ihn dann in die rechte Hand und bitte ihn, deine Körperprozesse, die mit Wasser verbunden sind, ins Gleichgewicht zu bringen. Nimm ihn in die linke Hand und lasse es zu. Geniesse es. / Ruhe dich aus.

Auch wenn ein starkes Interesse an der Arbeit mit einem Saphir besteht, sollte diese Übung nur einmal in der Woche gemacht werden. Sie ist sehr wirkungsvoll und es kann leicht zu einer Überanstrengung kommen.

Bergkristall

Nimm den Stein in die rechte Hand und lege dich mit geschlossenen Augen auf den Rücken. Werde ruhig. / Begrüsse den Stein und bitte ihn, dir zu helfen. / Bitte den Stein, dir eine Stelle in deinem Körper zu zeigen, die Licht benötigt. / Nimm den Stein in die linke Hand und erwarte seine Botschaft. / Hast du eine Stelle benannt bekommen, lege den Stein auf diese Stelle und bitte den Stein, sie mit Licht zu füllen. / Dies kannst du mit ein paar «Körperstellen» tun. / Nimm dann den Stein in deine rechte Hand und bedanke dich. Stelle dir vor, dass du über deinen Scheitel goldfarbenes Licht aufnimmst und über deine Handfläche dem Stein gibst. Mache dies, bis der Stein genug hat. / Lege ihn dann weg und ruhe dich einen Moment aus.

Borax

Nimm den Stein in die rechte Hand und setze dich mit geschlossenen Augen hin. / Begrüsse den Stein und bitte ihn, dir Bilder aus der Entstehungsgeschichte zu übermitteln. / Nimm ihn in die linke Hand und warte. / Beobachte die Bilder, ohne dich einzumischen. / (Falls du eine spezielle Frage hast, nimm den Stein in die rechte Hand, frage, nimm ihn in die linke Hand und erwarte seine Antwort.)
Hast du genug, nimm ihn in die rechte Hand, bedanke dich und ruhe dich aus.

Alunit

Setze dich hin und halte den Stein zwischen deinen Händen. Werde ruhig. / Achte auf deine Empfindungen in deinen Händen. / Bitte nun den Stein, deinen Körper von überschüssiger Säure zu befreien. Lasse dies zu. / Frage ihn, was du tun kannst, um deinen Körper im Gleichgewicht zu halten. / Bedanke dich, lege den Stein weg und ruhe dich aus.

Nach der Übung sollte der Stein zwei Tage in der Erde liegen.
Diese Übung sollte nur einmal pro Woche gemacht werden und die Ratschläge des Steines versucht werden. Dieser Stein kann sehr praktische Ratschläge geben.

Magnetit

Lege dich mit geschlossenen Augen auf den Rücken und werde ruhig. / Lege nun den Stein auf den unteren Bauchbereich. Beobachte deine Empfindungen. / Bitte den Stein nun, dir Informationen über das magnetische Erdgitter zu geben. Speichere diese Informationen in allen deinen Zellen. / Nimm den Stein nun in die linke Hand, stehe auf und gehe durch deine Wohnung. Bitte den Stein, dir bei der Wahrnehmung des magnetischen Gitters, auf dem sich deine Wohnung befindet, zu helfen. / Versuche dies maximal zwanzig Minuten. / Lege danach den Stein aus der Hand. Schreibe eventuelle Beobachtungen auf und ruhe dich aus.

Mit einem eingestimmten Magnetit lässt sich viel über Orte herausfinden.

Rosenquarz

Setze dich zunächst hin und halte den Stein zwischen deinen Händen. Begrüsse ihn und bitte ihn, dir zu helfen. / Lege dich nun auf den Rücken und lege den Stein auf den Bauchnabel. Beobachte, was geschieht. / Bitte den Stein nun, die weibliche Seite in dir zu stärken. Fühle, dass seine Energie wie leichtes silbernes Licht durch deinen Bauchnabel in deinen Körper fliesst. Lasse dich ausfüllen und geniesse es. / Bitte den Stein nun um Informationen zu deiner weiblichen Seite oder zu deiner Weiblichkeit. Nimm die Informationen an und bedanke dich. / Nimm den Stein weg und ruhe dich aus.

Es tut dem Stein sehr gut, wenn er in klaren Nächten draussen stehen kann.

Moosachat

Besorge dir für diese Übung zwei kleine Steine.
Setze dich hin und werde ruhig. Lege dann unter jeden Fuss einen Stein. Beobachte deine Empfindungen. / Bitte dann die Steine, dich mit der silbernen Erde zu verbinden (sie wissen, was gemeint ist). Beobachte deine Empfindungen. / Bitte sie dann, dich mit der Energie der silbernen Erde zu füllen. Lasse es zu und geniesse es. / Wenn du genug hast, stelle deine Füsse auf den Boden und ruhe dich aus.

Der Begriff «silberne Erde» bedeutet, dass ein Teil der Erde wichtige Qualitäten hat, die mit der weiblichen Seite im Menschen zusammenhängen. Auch wenn du nicht weisst, was gemeint ist, so verstehen dich doch die Steine.
Diese Übung macht durchlässig.

Obsidian

Besorge dir für diese Übung vier Steine.
Setze dich hin, lege dir zwei Steine unter dir Füsse, zwei Steine in die Hände. Werde ruhig. / Bitte die Steine an den Füssen nun, dir Informationen zur Erdstrahlung zu geben. Erwarte ihre Antwort. / Bitte nun die Steine in den Händen, dir Informationen über Strahlung in der Luft zugeben. Erwarte ihr Antwort. / Wenn du Interesse hast, befrage sie. / Bitte sie dann, miteinander einen geschlossenen Kreislauf zu bilden, der Strahlungsrückstände aus deinem Körper entfernt. Lasse das zu. / Stehe dann auf, lege die Steine weg und strecke dich langsam und ausführlich. Stelle dich dann hin und drehe dich zehnmal um dich selbst. Ruhe dich dann aus.

Die Steine sollten nach der Übung für fünf bis zehn Minuten in warmem Salzwasser liegen.

Türkis

Lege dich hin und schliesse die Augen. Ruhe dich aus. / Lege nun den Stein auf dein drittes Auge. Beobachte deine Empfindungen. / Begrüsse nun den Stein und bitte ihn darum, deinen Kopf mit einem blauen Sommerhimmel zu füllen. Lasse dies zu. / Beobachte Bilder, aber mische dich nicht ein. / Nimm dann den Stein weg und werde ruhig. / Komme langsam wieder zurück.

Jade

Lege dich mit geschlossenen Augen auf den Rücken und werde ruhig. / Lege den Stein nun in den Kehlkopfbereich. Begrüsse den Stein und bitte ihn, dir zu helfen. / Frage ihn, welche Vorurteile du in dir trägst. Erwarte seine Antwort. / Frage den Stein, was du tun kannst, um mit deiner Umwelt ins Gleichgewicht zu kommen. Nimm die Antwort an. / Wenn du seinen Ratschlag gleich ausführen kannst, tue das. Befolge ihn sonst bei der nächsten Gelegenheit. / Bedanke dich bei dem Stein und lege ihn weg. / Hülle dich in weisses Licht und ruhe dich aus.

Malachit

Setze dich hin und nimm den Stein in deine Hände. Ruhe dich einen Moment aus und achte auf deine Empfindungen. / Begrüsse den Stein und bitte ihn, dir die Stelle deines Körpers zu zeigen, auf die er gelegt werden möchte. Erwarte seine Antwort. / Lege dich gegebenenfalls hin und lege den Stein auf die Stelle. Beobachte deine Empfindungen. / Bitte den Stein nun, alle deine Kindheitserinnerungen, die in dieser Stelle gespeichert sind, aufzulösen. Lasse es geschehen. / Lege nun den Stein weg. Umhülle dich mit weissem Licht und stelle dir vor, dass sich die bearbeitete Stelle mit rosa Licht füllt. / Mache dies, bis du genug hast. / Ruhe dich aus und komme langsam wieder zurück.

Nach der Übung sollte der Stein drei Tage in Erde liegen. Diese Übung sollte nur einmal im Monat gemacht werden.

Siderit

Setze dich hin und werde ruhig. / Nimm den Stein zwischen die Hände. Beobachte deine Empfindungen. / Begrüsse nun den Stein und bitte ihn, dir zu helfen. / Frage ihn, ob er dir Informationen zu deinem Gedächtnis geben kann. Erwarte seine Antworten. / Frage ihn dann, welche Stelle deines Körpers die meisten Schwierigkeiten mit Erinnerungen hat. / Lege den Stein dann auf diese Stelle und bitte den Stein, deinem Körper Energie zu geben, um mit der gespeicherten Erinnerung arbeiten zu können. Nimm die Energie des Steines auf. / Lege dann den Stein weg und fülle diese Stelle mit rosafarbenem Licht. / Mache dies, bis du genug hast. / Umgib dich mit rosafarbenem Licht und ruhe dich aus.

Diese Übung sollte erst gemacht werden, wenn einige Erfahrung mit Steinarbeit vorhanden ist.

Rutil

Lege dich mit geschlossenen Augen auf den Rücken und werde ruhig. / Lege nun den Stein auf dein Herz. Beobachte deine Empfindungen. / Lege ihn auf den Bauchnabel und bitte ihn, dir Informationen über deine männliche Seite oder deine Männlichkeit zu geben. Erwarte seine Antwort. / Frage ihn nun, was du tun kannst, damit deine männliche Seite ins Gleichgewicht kommt. Tue dies. / Bedanke dich bei dem Stein und lege ihn weg. Hülle dich in weisses Licht und ruhe dich aus.

Alle diese Übungen können gemacht werden, wenn ein Steinarbeits-Testprogramm und die Grundübungen gemacht worden sind.

Auch ohne Übung können schöne Ergebnisse herauskommen. Es ist jedoch besser, wenn ihr auch wisst, was das Ergebnis einer Übung für euch bedeutet.

Teil 7
Fragen und Antworten

Fragen und Antworten

In diesem Kapitel hat Serathus Fragen von Tommy und mir beantwortet, die uns bei dem Lesen des Manuskriptes und beim Ausprobieren der vielen Übungen gekommen sind.

Zunächst die Fragen im Überblick:

1. Geht Heilen immer mit einem höheren Bewusstsein einher?
   Bedeutet höheres Bewusstsein automatisch Heilen?

2. Wieviele unterschiedliche Bewusstseinsebenen gibt es?

3. Hängen Lernen und Gedächtnis wirklich so zusammenn, wie wir immer meinen?
   Gibt es andere Wege, zu lernen?

4. Haben bestimmte Molekülstrukturen nur in Mineralien die Gedächtnis-Funktion oder kann zum Beispiel ein Plastikeimer auch ein Gedächtnis haben?

5. Warum leben einige Mineralien nur für die Erinnerung der Erde?

6. Helfen Erze auch Angehörigen eines Sterbenden?

7. Wie soll man sich allgemein zu «normaler Erde», Kieselsteinen usw. verhalten?
   Gibt es eine Grundhaltung zu sogenannter «unbelebter» Materie?

8. Wer oder was gibt den Impuls zur Entstehung von einem Stein?
   Sind das «nur» Einflüsse der Umgebung?

9. Wenn das Bestimmungsverfahren mit Visualisation nicht funktioniert, gibt es noch eine andere Möglichkeit?

10. Wie unterscheidet sich die Aura von Tieren und Menschen?

11. Leitet sich der Name *Tetra-Partikel* von den vier Pyramidenseiten her?

12. Gibt es noch eine Übung zum Dialog zwischen Gestern und Heute?

13. Haben Steine Jahreszeiten, beziehungsweise lassen sich den Jahreszeiten Steine zuordnen?

14. Würden *Sonnensteine* zur Behandlung von Krankheiten ausreichen?

15. Speichern menschliche Körper Erinnerungen an Steine aus vergangenen Leben? Welche Auswirkungen hat das?

16. Lassen sich Steine Kulturen zuordnen?

17. Was kann man bei Wasseraderkreuzungen tun? Sind Umleitungen möglich?

18. Bei welchen Menschen wirken Steine?

19. Wie befreit man Steine für Stunden von ihrer Vergangenheit?

20. Können Steine durch ihr holographisches Bewusstsein einseitige Heilmethoden ganzheitlicher machen?

21. Gibt es Schutzmöglichkeiten für Therapeuten, die Chakrenarbeit machen?

22. Bedeutet das Überwinden der Zentriertheit, dass Körpertechniken, die das oberste Ziel in der Zentriertheit sehen, an einem frühzeitigen Punkt der Entwicklung aufhören?

1. Geht Heilen immer mit einem höheren Bewusstsein einher? Bedeutet höheres Bewusstsein automatisch Heilen?

Ja und nein. Zunächst ist es so, dass ein höher entwickeltes Bewusstsein besser die Erfahrungen des Körpers erkennen und aus ihnen lernen kann. Es ist sogar möglich, geplante Erfahrungen auf einem anderen Wege zu machen.

Es gibt aber immer Schwierigkeiten, die eine volle Umsetzung des Bewusstseins verhindern. Schon durch das Verfangen in Erinnerungen kann eine Krankheit herangezogen werden, die vielleicht nur noch aus «Suchtgewohnheit» nötig war.

Sagen wir es so: je entwickelter das Bewusstsein, je grösser die Heilungschancen. Doch auch hochentwickelte Seelen sind einen Bund mit einem kranken Körper eingegangen und wir müssen diese Wahl respektieren. Sie setzen sich bewusst über die Chancen zur Heilung hinweg.

Also gilt folgendes: je höher sich ein Wesen entwickelt, desto mehr strebt es nach Heilung seines Körpers und seiner Seele. Heilung muss aber nicht unbedingt das Gegenteil von Krankheit sein, denn Krankheiten können für die Seele eine heilende Wirkung haben.

Heilung mag für uns bedeuten: Erfahrungen, die das Wachsen und die Weiterentwicklung einer Seele fördern. Je nachdem, was sie gewählt hat.

Edle Steine unterstützen das Wachsen, weil sie eine transformierende Wirkung besitzen und den Körper zur holographischen Zentriertheit anregen können. In diesem Sinne sind sie heilend.

2. Wieviele unterschiedliche Bewusstseinsebenen gibt es?

Dies ist eine Frage, die sich leicht beantworten lässt und doch schwer verständlich sein mag.

Die meisten Wesen erleben mindestens drei Dimensionen und das wären die ersten drei Bewusstseinsstufen. Denn zu jeder vorkommenden Dimension gibt es ein dazugehöriges Bewusstsein.

Eine wichtige Zahl in diesem Zusammenhang ist die Zahl 367. Sie bezeichnet die Zahl der meisten Bewusstseinsebenen. Das heisst, um es einigermassen verständlich für euch zu sagen: es gibt Wesen, die 367 unterschiedliche Ebenen wahrnehmen können. Es sind wenige und «spezialisierte» Wesen, so etwas wie Baumeister.

Ihr seht, es gibt bis zu 367 Bewusstseinsebenen, möglicherweise noch mehr, doch kann man nur so viele Ebenen erkennen, so viele man auch selber wahrnehmen kann.

Bei der Dimension der Zeit habt ihr meistens schon Probleme.

Ist der Mensch auf eine Zahl begrenzt?

Nun, sagen wir, er hat sich durch seine Körperstruktur freiwillig begrenzt. Eine sehr reizvolle Begrenzung übrigens.

Weiterentwickelte Menschen können zwischen 24–30 unterschiedliche Ebenen wahrnehmen. Diese Wahrnehmungen haben aber nichts mit Technik zu tun. Die Weiterentwicklung der Technik mag in mancher Hinsicht eure Sinne anregen, jedoch könnt ihr mit ihr nur mangelhaft eure Sinne ausbilden.

Mit Hilfe der Steinarbeit könntet ihr auf 6–12 Ebenen kommen.

3. Hängen Lernen und Gedächtnis wirklich so zusammen, wie wir immer meinen? Gibt es andere Wege, zu lernen?

Die Worte Lernen und Gedächtnis hängen für Menschen immer mit dem Gehirn zusammen. Es ist für euch noch eine relativ «neue» Erkenntnis, dass auch der Körper lernen kann. Durch kombinierte Arten von Therapien begreift ihr das nun langsam.
Eines habt ihr noch nicht ganz verstanden: euer Körper, auch wenn er noch jung sein mag, hat schon alles gelernt, was ihr in diesem Leben braucht und er weiss sogar noch mehr.

Wenn euer Wesen in einen neuen Körper eintaucht, übertragt ihr euer gesamtes Wissen auf die Körperstruktur. Alle Erfahrungen, die ihr jemals gemacht habt, sind in den unterschiedlichsten Zellen gespeichert.
Nun kommt eure Entscheidung, nehmt ihr Teile dieses Wissens an, Ausschnitte oder legt ihr das Wissen beiseite. So wird deutlich, warum Lernen von speziellen Dingen für euch so schwierig sein kann: der Körper hatte den «Auftrag» von eurem Wesen erhalten, dieses spezielle Wissen nicht zu gebrauchen. Er will also damit, obwohl es äusserlich betrachtet, ganz neu auf ihn zukommt, nichts zu tun haben. Er verweigert sich und deshalb fällt euch dann das Lernen sehr schwer. Diese Situation mögt ihr alle kennen, denn sie ist manchmal vollkommen unverständlich.
So könnt ihr dazu übergehen, das Wort Lernen aus eurem Wortschatz zu streichen und mit Erinnern zu ersetzen. Erinnert euch daran, dass ihr schon alle Sprachen der Welt gesprochen und alle mathematischen Probleme gelöst habt.

Dazu nun zwei praktische Vorgehensweisen:
1. Besorge dir einen dunklen Turmalin. Stimme ihn gut ein. Beginne dann mit ihm einen Dialog über deine speziellen Schwierigkeiten mit dem Lernen. Er wird dir helfen.

2. Beschäftige dich mit Dingen, die dich interessieren, dir aber doch kompliziert erscheinen. Stelle dabei einen gut eingestimmten Labradorit vor dich. Trinke in dieser Zeit morgens und abends ein Glas Citrinwasser (der Citrin sollte 3 – 5 Stunden in einem Glas Wasser liegen). Und vertraue deinen Erinnerungen.

4. Haben bestimmte Molekülstrukturen nur in Mineralien die Gedächtnisfunktion oder kann zum Beispiel ein Plastikeimer auch ein Gedächtnis haben?

Dies ist eine interessante Frage. Und sie lässt sich relativ einfach beantworten. Jedes Atom, jedes Molekül hat seine eigene Art von Gedächtnis. Es kommt nur darauf an, zu welchem Bewusstsein sich Moleküle zusammenfinden und ob sie das gewissermassen von selbst tun oder ob ihnen der Mensch eine gewisse Form aufdrängt.
Ich will es einmal so formulieren: jedes chemische Element hat eine eigene Art von Gedächtnis und eine eigene Aufgabe. Doch gibt es einen Unterschied zwischen Elementen, die sich selber bilden und solchen, die von euch «künstlich» geschaffen werden. Künstliche Elemente haben nur noch ein Minimalgedächtnis, sie wissen nicht mehr um ihre natürlichen Aufgaben und können auch deswegen Schäden anrichten, die zunächst unverständlich erscheinen.
Dies dürfte sehr stark dem Selbstverständnis der meisten eurer Chemiker widersprechen.

So hat der Eimer also ein Gedächtnis, das keine Verwandschaft mit einem Stein mehr erkennen lässt, obwohl vielleicht in beiden das gleiche Molekül enthalten sein mag.

5. Warum leben einige Mineralien nur für die Erinnerung der Erde?

Wie schon gesagt, benötigen alle Wesen und Strukturen ein Gedächtnis. Es ist die Aufgabe einiger Steine, sich als Gedächtnis für die Erde zur Verfügung zu stellen, so dass das Überleben der Erde gesichert ist.
Zu diesen Steinen gehört auch Marmor. So solltet ihr auf den Gebrauch von Marmor möglichst verzichten. Dass viele Künstler sich in Marmor «verewigt» haben, ist also nicht so zufällig oder nebensächlich.

6. Helfen Erze auch Angehörigen eines Sterbenden?

Ja. Nur sollten der Sterbende und die Begleiter jeweils ein anderes Erz bei sich tragen. Sonst könnten Überlagerungen entstehen, die das Bewusstsein eines Begleiters stören könnten.

7. Wie soll man sich allgemein zu «normaler» Erde, Kieselsteinen usw. verhalten? Gibt es eine Grundhaltung zu sogenannter «unbelebter» Materie?

Nun ist es für euch nicht mehr ganz einfach, diese Grundhaltung zu entwickeln, denn ihr seid überall von Steinen und Erden umgeben.
In den meisten alltäglichen Fällen mag es ausreichen, dass ihr die, von euch als unbelebt deklarierte, Materie als etwas Wertvolles behandelt. Versucht einfach, in eurem Bewusstsein zu behalten, dass nichts in eurer Umgebung zufällig entstanden ist. Alles hat seinen Sinn, seine Aufgabe. Und es ist auch wichtig, dass sich Erde und Menschen für einige Situationen und Handlungen verabredet haben.
Ihr sollt also nicht allen Abbau von Steinen als Freveltat ansehen. Wo dies angeraten ist, werdet ihr bei fortschreitender Steinarbeit merken.

8. Wer oder was gibt den Impuls zur Entstehung von einem Stein? Sind das «nur» Einflüsse der Umgebung?

Auch dies ist wieder eine Frage mit einer einfachen, doch schwer verständlichen Antwort.
Zum einen benötigt die Erde die Steine und Erden – sie sind ihr Körper und von ihm kommt ein wichtiger Impuls. Die Funktionen von bestimmten Steinen wirken an einigen Orten verstärkt als Ausgleich oder Gedächtnis. So schafft die Erde bis zu einem gewissen Moment ihren Körper selber. Zum anderen kommt der Impuls von den Atomen selber, die ihre Aufgabe wahrnehmen und sie umsetzen. Fast jedes Atom hat schon ein-

mal mitgeholfen, einen Stein aufzubauen. Euer Spruch «Erde zu Erde, Staub zu Staub» meint nichts anderes. Diese «Impulsgeber» haben natürlich auch bestimmte Verabredungen und Vereinbarungen.

Nichts passiert ohne das Wissen des anderen und seine Zustimmung. Unter euch Menschen sollte das auch so sein.

9. Wenn das Bestimmungsverfahren mit Visualisation nicht funktioniert, gibt es noch eine andere Möglichkeit?

Ja, es gibt noch zwei andere Möglichkeiten, die wir betrachten wollen.
Die erste ist sehr einfach.

Lege zuerst den Stein unter deine rechte nackte Fussohle. Spüre deine Empfindung.
Lege ihn danach unter die linke Fussohle und spüre deine Empfindung.
Der Stein ist für dich bestimmt, wenn
- du mit dem rechten Fuss eine Verbindung zur Erde spürst. Du solltest das Gefühl haben, dass die Richtung Du–Erde ist.
- du auch im linken Fuss mit der Erde verbunden bist, aber dann in der Richtung Erde–Du.

Dieses Verfahren ist nicht sehr genau, kann aber auch als Vorstufe zur Visualisation benutzt werden.

Das zweite Verfahren dauert vier Tage.
Stelle den Stein in vier Nächten neben dein Bett in Herzhöhe. Nimm ihn morgens zwischen deine Hände und warte ab, was geschieht.
Dieses Verfahren soll dir einfach zeigen, ob du dich mit dem Stein wohlfühlst. Für ihn bedeutet es eine Phase intensiverer Einstimmung und eigentlich eine Art Stellungnahme, ob die Zeit für eure Zusammenarbeit schon gekommen ist.

Diese beiden Methoden sollten angewandt werden, wenn die Bestimmung durch Visualisation überhaupt nicht gelingen will.

10. Wie unterscheidet sich die Aura von Tieren und Menschen?

Sie unterscheiden sich mehr im Detail. Tiere gleicher Gattung haben eine ähnliche Aura, während ein Schäferhund und ein Nashorn unterschiedliche Auren um sich herum haben.

Menschen haben eine Aura, die gleich aufgebaut ist, aber unterschiedliche Farben und Rhythmen hat. Der Unterschied zwischen Mensch und Tier begründet sich durch die unterschiedlichen Aufgaben. Tiere haben primär Gruppenaufgaben, während menschliche Wesen dies wählen können.

Mehr zu diesem Thema sprengt unseren Rahmen.

11. Leitet sich der Name Tetra-Partikel von den vier Pyramidenseiten her?

Nein, er ist von anderer Seite begründbar, nämlich von den vier wichtigsten Eigenschaften dieser Partikel.

Zum besseren Verständnis noch einmal eine kleine Skizze:

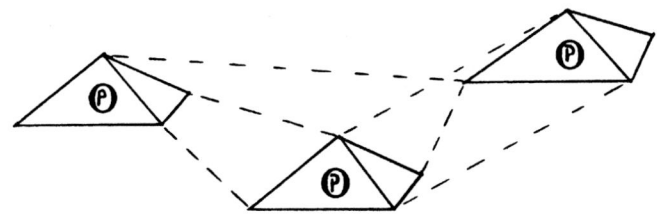

Wie schon ausgeführt, befinden sich *Tetra-Partikel* in der sauberen Luft und transportieren Energie, besser gesagt, sie sind Energie.

Nun die wichtigsten vier Eigenschaften:

1. *Tetra-Partikel* sind Energie in Reinform, sie sind weder Teilchen noch Welle.

2. *Tetra-Partikel* sind durch feine Kanäle verbunden. Sie beeinflussen sich gegenseitig und können sich durch diese Kanäle vermehren.

3. *Tetra-Partikel* durchdringen jede Art von Materie und sind auch in Materie enthalten beziehungsweise an sie gebunden.

4. Die Anwesenheit von *Tetra-Partikeln* lässt sich schwer bestimmen. Am ehesten bemerkt ihr ihre Abwesenheit.

Nun mag dies utopisch erscheinen. Doch gibt es in euren Kulturen schon recht unterschiedliche Namen für diese Energieform. Es gibt neben *Tetra-Partikeln* auch andere kleine Energieformen, die sich mehr im Wasser bewegen oder in anderen Materieformen.

Wir können es so sehen, dass jede Materieform ihr spezielles Energiegeschenkpaket in sich trägt. Die Summe aller dieser Partikel bildet einen gewaltigen Strom, der mit Gravitation und Licht in Zusammenhang steht.
Hier möchte ich nur kurz sagen, dass Gravitation und Licht entgegengesetzte Phänomene einer einzigen Ursache sind.

12. Gibt es noch eine Übung zum Dialog zwischen Gestern und Heute?

Nein. Über die Verbindung mit dem Höheren Selbst und im Dialog mit einem Stein lassen sich Unklarheiten oder Schwierigkeiten beheben.

13. Haben Steine Jahreszeiten beziehungsweise lassen sich den Jahreszeiten Steine zuordnen?

Es gibt Arbeitsweisen, die Steinen Jahreszeiten zuordnen, um einige Heilweisen und -wirkungen besser verstehen und ableiten zu können.
Wir wollen dies hier nicht tun. Viele Zuordnungssysteme haben für euch den scheinbaren Vorteil, dass ihr leichter mit Steinen arbeiten könnt, weil die Zuordnung gegeben ist. Da sich euch jedoch der Dialog mit den Steinen bietet, braucht ihr solche Zuordnungen nicht mehr.

14. Würden Sonnensteine zur Behandlung von Krankheiten ausreichen?

Dies ist eine der schweren Fragen. Ich meine, dass sie nicht ausreichen. Sonnensteine setzen Licht frei und eine Behandlung mit ihnen könnte weit vorgreifen. Für Menschen, die andere mit Steinen behandeln wollen, habe ich folgende Vorgehensweise:

Gib dem Menschen, den du behandeln möchtest, eine kleine Auswahl von Steinen. Leite ihn bei der Einstimmung an. Dann soll er sich einen Stein auswählen. Nimm nun einen Dialog mit dem Stein auf und befrage ihn über Behandlungsmethoden.

Noch eine Bemerkung: ***Dies ist kein Buch über Heilung mit Steinen!***
Das wäre ein anderes Buch. Steinarbeit beschäftigt sich zunächst mit dem Verhältnis Mensch-Stein. Ja – es könnte sein, dass ihr durch Steinarbeit darauf kommt, für Heilzwecke Neues auszuprobieren.

15. Speichern menschliche Körper Erinnerungen an Steine aus vergangenen Leben? Welche Auswirkungen hat das?

Wenn in einem Leben intensiv mit Steinen gearbeitet wurde, so bleibt das Wissen darum im Wesen erhalten. Und der neue Körper speichert das alte Wissen. Die Erinnerung wird nur zugänglich, wenn Situationen gewählt wurden, für die das entscheidend ist.
Es mag sein, dass ein Mensch seit seiner frühen Kindheit Perlen mag, sich das aber nicht erklären kann. So hat er irgendwann intensiver etwas mit Perlen zu tun gehabt und sie geben ihm in einem neuen Leben ein kleines Zuhause.
Er wird sich jedoch nur dann entscheiden, diese Erinnerungen bewusst zu machen, wenn er altes Wissen benötigt, sich dafür interessiert, also zu sich selbst zurückfinden will.
Steine können auch Erinnerungen an Kreisläufe wachrufen, die euch einmal gefangenhielten. In diesem Fall gilt es bewusst und vorsichtig zu sein. Denn ohne eine Entscheidung ist ein alter Kreislauf nicht beendet, sondern kann euch wieder begegnen.

Ich möchte euch raten, nicht nach Steinarten aus vergangenen Leben zu suchen. Gebraucht eure Erinnerungen, wenn es an der Zeit ist und geniesst die Steine, zu denen ihr euch hingezogen fühlt.

16. Lassen sich Steine Kulturen zuordnen?

Ja. Denn oft kommen Steine nur an einem speziellen Ort vor und sind dann automatisch mit den dort lebenden Menschen verbunden. Doch lässt sich aufgrund der verwandten Steine einer Kultur nicht unbedingt beurteilen, welche Kenntnis sie von der Welt hatten. Für unser Verständnis der Steine sind diese Zusammenhänge erst einmal unwichtig.

17. Was kann man bei Wasseraderkreuzungen tun? Sind Umleitungen möglich?

Nimm Kontakt zu einem Wasserstein auf, er wird dir weiterhelfen.

18. Bei welchen Menschen wirken Steine?

Kein Wesen ist gegen ein anderes unempfindlich. Daher wirken Steine auf alle Menschen. Nur wird in vielen Fällen diese Wirkung nicht bewusst. Nicht jeder entscheidet sich dafür, Steine als bewusste Wesen anzuerkennen. Nicht jeder achtet auf Anzeichen wie Wärme und Kälte.
Es ist also eine persönliche Entscheidung, wenn das, was ein Stein auslösen kann, gefühlt und akzeptiert wird. Kein Wesen soll zu einem Kontakt mit einem anderen Wesen gezwungen werden.

19. Wie befreit man Steine für Stunden von ihrer Vergangenheit?

Mit zunächst einer gründlichen Salzwasserreinigung. Wie funktioniert die Reinigung eines Steines mit Salzwasser?
Dass diese Methode funktioniert, soll hier nur kurz bestätigt werden. Wer es probiert hat, den können die Ergebnisse immer wieder verblüffen.

Das verwendete Salz ist das sogenannte Kochsalz. Es besteht aus Natrium und Chlor, einer einfachen chemischen Verbindung. Chlor ist ein flüchtiger und aggressiver Stoff. Sein Charakter ist eine Kombination von Luft und Feuer. Diese Charaktereigenschaft wirkt bei der Reinigung des Steines. Der Stein, egal welcher Art, wird durch das Chlor angeregt, die Dinge an das Wasser abzugeben, die nichts mit seinem molekularen Aufbau und seiner Funktion zu tun haben.
Das Salz kann gewissermassen den Stein erweichen und ihm gespeicherte Informationen in flüchtiger Form entziehen.
Natrium nimmt vieles an sich und bindet. Das Wasser stellt seine allgemein reinigende Kraft zur Verfügung.

Steine, die in Salzwasser gereinigt werden, sollten nicht abgedeckt werden, da einige der gespeicherten, nun freiwerdenden Informationen ins Licht wollen. Stark verunreinigte Steine können ein geschlossenes Gefäss sprengen.

Auf alle Fälle empfiehlt sich eine Kontaktaufnahme, um zu wissen, was der Stein gespeichert hat. Bei Bedarf sollte er mindestens eine Woche in Blumenerde liegen und am Licht stehen.

**20. Können Steine durch ihr holographisches Bewusstsein einseitige Heil-
methoden ganzheitlicher machen?**

Dies können sie tun, wenn der Mensch, der behandelt wird, sich dafür entscheidet. Oft genügt allerdings schon ein Wohlwollen gegenüber Steinen.

21. Gibt es Schutzmöglichkeiten für Therapeuten, die Chakrenarbeit machen?

Der beste Schutz ist, einen speziellen Ratgeberstein aus der Gruppe der *Fünf* zu haben.

**22. Bedeutet das Überwinden der Zentriertheit, dass Körpertechniken, die
das oberste Ziel in der Zentriertheit sehen, an einem frühzeitigen Punkt der
Entwicklung aufhören?**

Diese Frage ist nicht ganz eindeutig zu beantworten.

Das Überwinden der Zentriertheit hin zu einem holographischen Körperbewusstsein ist ein Ausdruck für das Bewusstsein, beziehungsweise für die Entwicklung, die dieses Bewusstsein hinter sich hat. Deshalb müssen Körpertechniken an dem Punkt der Bauch-zentrierung anhalten, denn für eine weiterführende Entwicklung haben sie nicht die Mittel.
Ausserdem ist von Mensch zu Mensch ein Unterschied vorhanden. Manche Menschen haben sich für eine holographische Zentriertheit entschieden, viele dagegen. Das gilt es zu akzeptieren.

Ergänzungen von Martina Bochnik

In diesem Buch wird generell von Wasser- und Salzwasserreinigung der Steine gesprochen. In der folgenden Liste möchten wir einen Überblick geben, welche Steine eine Wasserreinigung vertragen und welche in Erde liegen sollten.

Unter einer *leichten Salzwasserreinigung* verstehen wir viel Wasser – wenig Salz und einen kurzen Aufenthalt des Steines im Wasser.

Unter *Salzwasserreinigung* verstehen wir, dass der Stein mehr Salz verträgt und auch eine Nacht im Salzwasser verbringen kann.

Wir möchten aber dazu ermutigen, den eigenen Gefühlen nachzugehen und bei der Dosierung von Salz und Zeit zu experimentieren. Sie werden merken, was Ihre Steine mögen.

Im übrigen möchten wir chemisch Interessierte unter Ihnen ermutigen, einmal einen etwas intensiveren Blick in gute Bücher über Steine, Mineralien und Erze zu werfen, um mehr über die chemischen Zusammensetzungen und weitere Besonderheiten zu erfahren. Für die Arbeit mit diesem Buch ist das chemische Wissen jedoch keine Voraussetzung.

Achate:	verschiedenfarbig	Meersalzreinigung
Alexandrit:	grün bis smaragdgrün, bei künstlicher Beleuchtung rot bis violett	leichte Meersalzreinigung
Alunit:	Alaunstein weiss, grau, gelblich, rötlich	Reinigung in Erde
Amazonit:	grün bis blaugrün	leichte Meersalzreinigung
Amethyst:	hell- bis dunkelviolett	Meersalzreinigung
Aquamarin:	hellblau bis grünblau	Meersalzreinigung
Aragonit:	weiss, gelblich, bläulich	Reinigung in Erde
Atacamit:	grün, dunkelgrün bis schwarzgrün	Reinigung in Erde
Aventurin:	grün oder rotbraun	Meersalzreinigung
Bergkristall:	weiss, durchsichtig	Meersalzreinigung
Beryll:	Oberbegriff für verschiedene Steine, dazu gehören → Smaragd, → Aquamarin, → Heliodor	

Borax:	farblos, weiss, grau, gelblich	Reinigung in Erde Aufbewahrung in geschlossenem Gefäss
Braunit:	schwarz, braunschwarz	Reinigung in Erde
Carneol:	rot bis gelbrot	Meersalzreinigung
Chalzedon:	graublau, weissblau	Meersalzreinigung
Chrysokoll:	grün, blaugrün bis blau	leichte Meersalzreinigung oder Erde
Citrin:	hell- bis goldgelb	Meersalzreinigung
Demantoid:	sattgrün, durchsichtig	leichte Meersalzreinigung
Diamant:	durchsichtig	Meersalzreinigung
Heliodor:	gelb, durchsichtig	Meersalzreinigung
Jade (Jadeit):	grünweiss, grün, grau, gelblich, rötlich	Reinigung in Erde
Kupfer- verbindungen:	gibt es sehr viele, zum Beispiel → Atacamit, → Chrysokoll, → Malachit	
Lapislazuli (Lasurit):	dunkelblau, blaugrün	leichte Meersalzreinigung oder Erde
Magnetit:	schwarz	Reinigung in Erde
Malachit:	grün, schwarzgrün	leichte Meersalzreinigung oder Erde
Milarit:	durchsichtig	Reinigung in Erde
Moosachat:	grün mit Einschlüssen	Meersalzreinigung
Obsidian:	schwarzes Lavagestein	leichte Meersalzreinigung
Opal:	verschiedenfarbig	Reinigung in Erde oder ausgehöhlten Kartoffeln
Quarz (dunkel) Rauchquarz:	braun	Meersalzreinigung
Morion:	dunkelbraun bis schwarz	Meersalzreinigung

Rosenquarz:	hellrosa	Meersalzreinigung
Rubin:	rot	leichte Meersalzreinigung
Rutil:	gelb, rot, braun, schwarz	Reinigung in Erde
Saphir:	blau	leichte Meersalzreinigung
Serpentin:	verschiedene Färbungen, durchscheinend	Reinigung in Erde
Siderit:	verschiedene Färbungen	Reinigung in Erde
Smaragd:	grün	Meersalzreinigung
Türkis:	hellblau bis apfelgrün	leichte Meersalzreinigung
Turmalin:	verschiedene Farben	leichte Meersalzreinigung oder Erde
Topas:	verschiedene Farben, durchsichtig	leichte Meersalzreinigung

Teil 8
Ausblick

Wenn ihr dieses Buch gelesen habt, ohne eine Übung zu machen, könnt ihr jetzt ein Steinarbeit-Testprogramm angehen.

Nur Mut.

Wenn ihr bereits mitten in der Arbeit steckt, habt ihr bereits die ersten Schritte getan, um euch an vergessene Fähigkeiten zu erinnern.

Glanz für alle, die sich den Steinen und der Erde widmen wollen.

SERATHUS

Weitere Bücher aus unserem Verlag:

DIE KRAFT DER STEINE, Band 1
ISBN 3-9520452-0-9

DIE KRAFT DER STEINE, Band 2
ISBN 3-9520452-2-5

DIE KLEINE DUFTFIBEL
ISBN 3-9520452-3-3

DIE KRAFT DER STEINE, Band 1 (französische Übersetzung)
ISBN 3-9520452-1-7

DIE KRAFT DER STEINE, Band 2 (französische Übersetzung)
ISBN 3-9520452-4-1

DIE KRAFT DER STEINE, Band 1 (italienische Übersetzung)
ISBN 3-9520452-7-6

DIE KRAFT DER STEINE, Band 1 (englische Übersetzung)
ISBN 3-9520452-5-X

MEDITATIONS-CD
01 000 08